ATITUDES EMPREENDEDORAS

CARLOS HILSDORF

Atitudes Empreendedoras

Como transformar sonhos em realidade e fazer seu projeto de vida acontecer

PORTFOLIO
PENGUIN

Copyright © 2015 by Carlos Hilsdorf

A Portfolio-Penguin é uma divisão da Editora Schwarcz S.A.

Grafia atualizada segundo o Acordo Ortográfico da Língua Portuguesa de 1990, que entrou em vigor no Brasil em 2009.

PORTFOLIO and the pictorial representation of the javelin thrower are trademarks of Penguin Group (USA) Inc. and are used under license. PENGUIN is a trademark of Penguin Books Limited and is used under license.

CAPA Alceu Chiesorin Nunes
PROJETO GRÁFICO Tamires Cordeiro
REVISÃO Rita Godoy, Mariana Zanini e Luciane Helena Gomide

Dados Internacionais de Catalogação na Publicação (CIP)
(Câmara Brasileira do Livro, SP, Brasil)

Hilsdorf, Carlos
    Atitudes empreendedoras: como transformar so-
nhos em realidade e fazer seu projeto de vida acontecer /
Carlos Hilsdorf. — 1ª ed. — São Paulo : Portfolio-Penguin,
2015.

    Bibliografia.
    ISBN 978-85-8285-008-4

    1. Administração de empresas 2. Carreira profissio-
nal — Desenvolvimento 3. Empreendedorismo 4. Empresários 5. Sucesso em negócios I. Título.

15-01787   CDD-658.421

Índice para catálogo sistemático:
1. Empreendedorismo : Sucesso em negócios :
   Administração de empresas 658.421

[2015]
Todos os direitos desta edição reservados à
EDITORA SCHWARCZ S.A.
Rua Bandeira Paulista, 702, cj. 32
04532-002 — São Paulo — SP
Telefone (11) 3707-3500
Fax (11) 3707-3501
www.portfolio-penguin.com.br
atendimentoaoleitor@portfolio-penguin.com.br

Este livro é dedicado aos empreendedores:

Álvaro Brochado Hilsdorf (in memoriam*)*
Maria Arthur Hilsdorf
Patrícia Ferreira Nunes
Amir Klink
Stephen Kanitz
Edmundo Escrivão (in memoriam*)*
Luiz Piccoli
Cícero Domingos Penha
Carlos Henrique Vernier
Alair Martins do Nascimento
Antonio Paker (in memoriam*)*
Hugo Gonçalves (in memoriam*)*
Haroldo Rahm
Vanessa Villela
    Ao futuro empreendedor Lorenzo Cancino Bernardi
    A todos os talentos que compõem o SEBRAE,
um divisor de águas no empreendedorismo por
oportunidade no Brasil para empreendedores
individuais, pequenos e médios empreendedores.
    A todos os talentos da Endeavor, por agregarem
continuamente conhecimento relevante a todos os
que aceitam o desafio de empreender de maneira
consciente.
    A você, colega do desafio de transformar sonhos em
realidade na escola da vida.

SUMÁRIO

O EMPREENDEDOR REAL: DESCONTRUINDO MITOS 11

AS ATITUDES EMPREENDEDORAS 81
    Os dez mandamentos do empreendedor 128
    A oração do empreendedor 130

FRENTE A FRENTE COM QUEM JÁ REALIZOU O CAMINHO 133
    Vanessa Villela 137
    Luiz Piccoli 156
    Alair Martins 178
    Haroldo Rahm 206

> *"Busque uma razão para viver, mantenha-a sempre em frente de você e, então, encontrará toda a energia necessária para alcançar tudo o que deseja alcançar."*
> PETER ADAMS (1939-2013)
> *Artista inglês criador de bonsai.*

Não hesite, um instante sequer, em abraçar a realidade de que o empreendedorismo está em você. Pode estar em graus variados, desperto e atuante, ou em um potencial adormecido. Mas o fato é: está em você!

Existem dois cenários: se você já está empreendendo, ainda que em fase inicial, gerando algumas oportunidades e resultados, temos um tipo de desafio; se, por outro lado, esse potencial está adormecido, embora "agitado" por seus sonhos, o cenário é outro. Neste livro abordaremos ambos os cenários e desafios, e você encontrará os caminhos para acelerar a concretização de seus sonhos.

Você é o protagonista do seu próprio destino e pode escolher como será escrita sua biografia empreendedora, já contando com uma certeza fundamental: independentemente de para onde ela o conduza, você estará construindo um mundo novo dentro e fora de si.

Se você sente esse anseio de transformação e realização em sua alma, este livro foi escrito especialmente para você! Porque o melhor da vida começa exatamente onde termina sua zona de conforto.

Bem-vindo a um mundo repleto de oportunidades!

O empreendedor real: desconstruindo mitos

Estas pessoas comuns e suas conquistas maravilhosas!

Muitos acreditam que os empreendedores são diferentes, dotados de características incomuns. Quantas pessoas você acredita que temam empreender por acreditar nesse mito? Milhares delas. Talvez você mesmo, ou alguém muito próximo, tenha hesitado em colocar seus sonhos em movimento por acreditar não possuir as "tais características" tão fantásticas, o "tal" toque de Midas que permite que tudo se transforme em ouro.

Sim, tudo isso é um mito. Empreendedores e empreendedoras são pessoas comuns — pessoas comuns que fazem coisas extraordinárias!

Empreendedores realizam o que os outros indivíduos gostariam de fazer, mas não dispõem da determinação, da disciplina e da busca de conhecimento necessárias para fazê-lo.

Empreendedores e empreendedoras são pessoas comuns que aprenderam a conhecer as suas forças e, com elas, transformar ideias, projetos e sonhos em realidade. São "sonhadores" que optaram por direcionar suas vidas para a realização e a vitória.

Empreendedorismo é uma competência humana, e, como tal, pode ser desenvolvida. Uma competência consiste em conhecimento, habilidade e experiência, e atitudes empreendedoras podem e devem ser exercidas, de imediato, quando se fazem necessárias. Assim, torna-se evidente que o sucesso de um empreendedor depende da interação entre conhecimento e comportamento. Ou seja, não basta adquirir ou possuir conhecimento, é necessário colocá-lo em prática, convertendo-o em um produto, serviço ou modelo de negócio inovador. Muito mais que meramente uma pessoa repleta de boas ideias, um empreendedor é alguém focado na sua **execução**, na **realização** de seus sonhos. Esse caráter pragmático é fundamental para que as ideias saiam do mundo do potencial e ganhem vida no mundo real.

Seguindo o mesmo raciocínio, não basta possuir habilidade e experiência, a não ser que você saiba como usá-las em benefício do negócio e da sociedade, e não basta ter qualquer atitude, é necessário desenvolver atitudes empreendedoras — as que transformam dificuldades em oportunidades de negócios.

Todas as pessoas podem e devem desenvolver níveis elevados de **comportamento empreendedor**.

Cabe a cada um de nós adquirir conhecimento para empreender e desenvolver o conjunto de nossas **Atitudes Empreendedoras**. Afinal, as particularidades do comportamento empreendedor, sobretudo seu conjunto de atitudes, são fatores determinantes para o êxito na vida e nos negócios.

Esqueça o mito de que empreendedores nascem empreendedores!

As predisposições com as quais nascemos são características a serem utilizadas ou superadas à medida que escrevemos a nossa própria história. Nossa herança genética é importante, mas não somos escravos passivos de nossos genes. Somos livres para aprender coisas novas, modificar nossas tendências, aperfeiçoar e vencer a nós mesmos e aos desafios e obstáculos do mundo interior e do mundo ao nosso redor.

As características de personalidade e temperamento compõem uma parcela significativa do universo interior com que cada um de nós vai enfrentar os desafios do empreendedorismo, mas não são elas ou a formação acadêmica que irão garantir o êxito de um empreendedor.

Claro que alguns tipos de personalidade e temperamento permitem maior velocidade no desenvolvimento do empreendedorismo; e é evidente que a realização de um bom curso técnico ou superior colaborará muito para a vitória de um empreendedor, mas não são pré-requisitos, nem a garantem. Encontramos milhares de empreendedores de sucesso que, com base em observação, senso crítico, determinação e muita aprendizagem oriunda do dia a dia (conhecimento tácito), obtiveram êxito, enquanto outras pessoas, supostamente dotadas de características e formação favoráveis, além de inúmeras outras facilidades, jamais "decolaram".

Personalidade e temperamento correspondem a mais um fator, e não o único fator a ser considerado no estudo do sucesso em empreendedorismo.

A **"fome de conhecimento"**, associada à **"sede de fazer acontecer"**, faz com que, movida por muita garra e determinação, uma pessoa encontre inúmeros caminhos para obter as informações e os conhecimentos necessários a fim de exercer o seu espírito empreendedor.

A história de Thomas deixará isso bem claro.

....

"A maioria dos que fracassam na vida são pessoas que não perceberam o quão perto do sucesso estavam quando desistiram."

THOMAS A. EDISON (1847-1931)
Empreendedor e inventor norte-americano.

Um certo Thomas, não... O Thomas certo!

Thomas Edison (1847-1931) foi o inventor da lâmpada elétrica e de mais 1 300 outras patentes. Foi expulso da única sala de aula existente em sua cidade no ano de 1855, pois era considerado um garoto confuso e com dificuldade de aprendizagem.

Depois desse episódio, nunca mais voltaria a frequentar uma escola, passando a ser educado e alfabetizado pela mãe e, posteriormente, a ser um autodidata.

Registrou seu primeiro invento aos 21 anos, em 1869: uma máquina de votar, pela qual ninguém se interessou.

Logo depois, em 1871, inventou um indicador automático de cotações da Bolsa de valores pelo qual recebeu 40 mil dólares (na época uma quantia muito significativa) e assinou um contrato com a Western Union, empresa financeira norte-americana, mais tarde envolvida na expansão dos telégrafos por todo o território nacional. Num período de cinco anos, conquistou as condições que lhe permitiram criar, em 1876, seu próprio centro de pesquisas em Nova Jersey.

Edison reinvestiu os recursos obtidos com seus inventos em pesquisa. Realizou milhares de tentativas até encontrar o filamento ideal para a lâmpada incandescente. Além de inventor, ele possuía uma impressionante visão de negócios. Logo após o desenvolvimento da lâmpada elétrica, iluminou toda a rua do seu centro de pesquisas durante as festas de fim de ano, em uma extraordinária iniciativa de marketing, que ganhou a atenção de todos para seu produto.

Em 1879 fundou a Edison Electric Light Company e, depois, em 1890, a Edison General Electric, uma das melhores e maiores empresas do mundo, benchmarking de gestão até os dias atuais.

A história de Edison prova que o conhecimento é fundamental, mas pode vir de inúmeras fontes, por diversos caminhos. Mesmo nunca mais voltando a frequentar a escola, abandonada durante a alfabetização, ele figura ainda hoje como um dos maiores inventores de todos os tempos, e também como exemplo de um grande empreendedor.

Ele, que foi considerado "um certo" Thomas confuso e que não aprendia direito, provou que na verdade era o Thomas certo!

É importante frisar que um empreendedor não precisa ser, obrigatoriamente, um inventor como Edison; lembremos que o economista Schumpeter já falava sobre isso: "Um empreendedor é o homem que realiza coisas novas e não, necessariamente, aquele que as inventa". O exemplo de Edison deve nos alertar para ao menos duas questões fundamentais:

1 **a busca de conhecimento relevante**, pelos caminhos que encontrarmos, e a aplicação prática para esse conhecimento, transformando-o em inovação.
2 **não ficarmos presos à ideia** de que pessoas geniais são aquelas que necessariamente sempre se deram bem nos processos convencionais de aquisição de conhecimento. Há milhões de pessoas extraordinárias que jamais se enquadraram aos métodos convencionais; eram vistas como inadequadas, exóticas e até pouco inteligentes, para depois tornarem-se ícones, como Steve Jobs — apenas para citar um exemplo que todos temos na memória recente.

Claro que isso não significa que um empreendedor deva utilizar esse exemplo como desculpa nobre para abandonar a escola, o curso técnico ou a graduação. Significa apenas que o conhecimento relevante e sua aplicabilidade são o que realmente conta. Alguns obterão esse conhecimento pelos caminhos da escola e da universidade, outros o farão por caminhos alternativos. Alguns realizam a etapa formal primeiro, outros a realizam como uma etapa complementar e alguns fazem um maravilhoso percurso autodidata que assombra os acadêmicos mais herméticos.

Empreendedorismo está muito mais ligado a comportamento que a personalidade. Embora esta última tenha uma profunda relação com o primeiro, sempre podemos desenvolver novos comportamentos mais rápido do que mudar a nossa personalidade. Personalidade não é estática, é dinâmica, ou seja, está em processo contínuo de evolução. E o desenvolvimento de novos comportamentos altera, gradualmente, nossa personalidade, que, aos poucos, se molda às novas realidades.

Não estamos condenados a ser sempre iguais. Como disse o compositor Gabriel, o Pensador: "Seja você mesmo, mas não seja sempre o mesmo!".

"Todos vivemos sob o mesmo céu, mas nem todos temos os mesmos horizontes."
KONRAD ADENAUER (1876-1967)
Primeiro-chanceler da Alemanha Ocidental, entre 1949 e 1963.
Lutou bravamente contra o nazismo.

Quem são os empreendedores?

Empreendedores são homens e mulheres que, de maneira ética e responsável, assumem desafios e riscos, transformando dificuldades em oportunidades. São pessoas cujos principais verbos são: observar, aprender, agir e transformar.

As características natas do ser humano de observar criticamente e desejar aperfeiçoamentos tornam-se, no empreendedor, uma descoberta de oportunidades para agir. Seu ímpeto é fazer acontecer — embora em muitas pessoas esse ímpeto apresente-se mais contido ou reprimido e precise encontrar um caminho rumo ao mundo exterior.

A ideia de que todo empreendedor é comunicativo, descolado e arrojado surge porque só costumamos olhar para os empreendedores depois que já fizeram sucesso; portanto, já percorreram um longo caminho no qual adquiriram certas características que, na maioria das vezes, não possuíam quando começaram.

Assim, de uma dada fase em diante (na qual venceram mecanismos psicológicos inibidores), por meio da utilização de conhecimento relevante, garra, determinação e liderança, empreendedores fazem com que ideias e sonhos de valor se tornem realidade.

Pessoas empreendedoras estabelecem horizontes mais amplos,

inovam, agregam valor e fazem do mundo um lugar fantástico onde viver, afinal, vida é transformação e movimento! Com sua forma de agir, essas pessoas modificam especialmente o mundo ao seu redor, escrevem a própria história e deixam poderosas contribuições como legado de sua passagem.

Empreendedores são geradores de riqueza material, intelectual e espiritual. As contribuições vão além do seu tempo, permanecendo vivas em suas realizações e na história de seus sucessores.

Em síntese: empreendedores são pessoas que "sonham", "acordam" e realizam!

....

"O mundo está se movendo tão rapidamente hoje em dia, que o homem que diz que algo não pode ser feito é geralmente interrompido por alguém já fazendo."

HARRY EMERSON FOSDICK (1878-1969)

Líder religioso norte-americano.

Empreender é fazer acontecer!

Para todos os que descobriram o valor e o significado da vida, empreender é fazer com que as coisas importantes e significativas aconteçam.

Empreender é concretizar o conjunto daquilo que agrega valor e torna a existência mais rica (em todos os seus aspectos, não apenas no material). Empreendedores não empreendem apenas por dinheiro, seu objetivo de vida é sempre o pano de fundo de suas ações. Por isso, engana-se quem pensa que o lucro monetário é o único ou o principal motivador para uma pessoa que deseja empreender. É claro que o empreendedor deseja o lucro, mas existem várias formas de lucro, tais como o lucro social, no caso dos empreendedores sociais, e o "lucro" da autorrealização, mais valioso que qualquer soma em dinheiro.

Empreendedores e empreendedoras vivem sob o mesmo céu que as outras pessoas, mas têm horizontes diferentes, são focados em trabalho, aprendizado e realização... Empreendedores vivem intensamente tanto as oportunidades que surgem naturalmente quanto as que são por eles criadas a cada momento de suas vidas. Pessoas empreendedoras se dedicam a **transformar** as coisas ao seu redor.

Para elas, **viver** é:

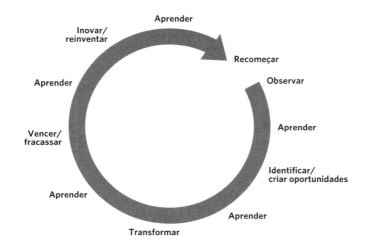

Uma pessoa empreendedora é profundamente apaixonada pela vida e declara essa paixão todos os dias por meio do seu trabalho, construindo uma realidade superior. O maior lucro de um empreendedor é o prazer de fazer acontecer, o prazer de empreender; é essa a sua grande motivação. Para ele, viver é empreender e empreender é viver. O seu maior patrimônio é o seu legado, seu exemplo, sua própria história de vida.

"Não é o que o homem possui, nem o que faz que expressa o seu valor, mas sim o que ele é!"

HENRI-FRÉDÉRIC AMIEL (1821-1881)
Filósofo, poeta e crítico suíço.

*"Se uma pessoa avançar apaixonada e confiante
na direção dos seus sonhos, e tiver a garra
de viver com determinação a vida que imaginou,
encontrará um êxito inesperado em horas
absolutamente comuns."*

HENRY DAVID THOREAU (1817-1862)

*Poeta, naturalista, pesquisador, historiador, filósofo
e transcendentalista norte-americano do século XIX.*

Comece tendo um caso de amor com seus sonhos...

Nossos sonhos são manifestações da nossa essência. Pessoas diferentes possuem sonhos diferentes. Quando muda o sonhador, muda o sonho. Nenhum sonho, nem mesmo o mais parecido, será exatamente igual ao seu.

Há cinco tipos de sonhadores:

1   **Os que fazem** o sonho acontecer.
2   **Os que pensam** que estão fazendo o sonho acontecer.
3   **Os que observam** os sonhos dos outros acontecerem.
4   **Os que se surpreendem** quando percebem que deixaram de sonhar.
5   **Os que não sabem** por que o sonho não "aconteceu"![*]

Se é verdade que na vida tudo tem um preço, então, com certeza, o maior de todos os preços é não realizar a nossa essência. Empreendedores são pessoas que realizam a sua essência e se tornam, verdadeiramente, o que nasceram para ser.

---

[*]   Inspirado na categorização de Philip Kotler dos cinco tipos de empresas.

Sonhar é direito de todos, mas realizar é uma conquista de pessoas que desenvolveram atitudes empreendedoras!

Como vemos, os empreendedores são um tipo diferente de sonhadores. São sonhadores ativos, que realizam seus sonhos e escrevem a sua versão do futuro. Para eles, não basta sonhar: empreendedores têm um "caso de amor" com seus sonhos.

Ninguém deve passar pela vida sem acontecer!

"Se você construiu castelos no ar, seu trabalho não está perdido: é aí mesmo o lugar deles. Agora ponha sob eles o alicerce."

HENRY DAVID THOREAU (1817-1862)

Poeta, naturalista, pesquisador, historiador, filósofo e transcendentalista norte-americano do século XIX.

Acorde! Coloque o sonho em movimento

Sonho sem atitude é um delírio! E todo delírio, cedo ou tarde, será um pesadelo.

É isso que experimentam os sonhadores passivos, aqueles que passam tanto tempo sonhando que se esquecem de "acordar" e realizar os seus sonhos.

Sonhadores passivos fazem do sonho uma fuga da realidade, utilizam desculpas nobres para atitudes pobres.

O sonho é apenas combustível para o motor das realizações. E combustível sem motor não irá levá-lo a lugar algum. O motor das nossas realizações é construído por nossas atitudes.

Sonhar é importante, mas realizar é fundamental!

Sem movimento não existe vida. Coloque o sonho em movimento, dê o primeiro passo na estrada do desafio que separa você de seu sonho realizado — ele é o mais difícil e também o mais importante. Já notou que nossos pés sempre apontam para onde queremos ir?

Defina imediatamente:

1 **Qual é** o seu sonho? (meta)
2 **Por que você** tem esse sonho? (causa)
3 **Para que você** tem esse sonho? (finalidade)

4 **Qual a distância** que separa você, neste momento, da realização do seu sonho? (desafio)

5 **Quais as principais** dificuldades a serem vencidas? (obstáculos)

Somente respondendo a essas perguntas você poderá construir o alicerce de sustentação para seu sonho e colocá-lo em movimento no mundo real.

A clareza de visão e as atitudes de uma pessoa empreendedora definem a velocidade e a sustentabilidade do seu sucesso!

"Tudo que é necessário para quebrar o 'feitiço' da inércia e da frustração é: aja como se fosse impossível falhar! Este é o talismã, a fórmula e a atitude certa que transformam todas as falhas em caminhos para o sucesso!"

DOROTHEA BRANDE (1893-1948)

Escritora e editora norte-americana.

*"O sapato que se adequa a uma pessoa
aperta a outra; não existe uma receita para
a vida que se adapte a todos os casos."*
CARL GUSTAV JUNG (1875-1961)
Psiquiatra suíço fundador da psicologia analítica.

Existe receita para o empreendedorismo?

Não! Não há receitas prontas para o empreendedorismo, elas são individuais, personalizadas, únicas. Mas há ingredientes fundamentais para desenvolver o comportamento empreendedor e com ele criar a "sua própria receita". Vejamos os ingredientes a serem adquiridos e utilizados:

1 **Espírito empreendedor:** um desejo intenso de realização, caracterizado por entusiasmo e automotivação.
2 **Visão empreendedora:** senso de observação, foco em oportunidades e tudo o que permite percebê-las melhor a cada instante.
3 **Iniciativa:** percebendo as oportunidades, buscar imediatamente os caminhos para viabilizá-las.
4 **Planejamento:** informações e conhecimento de qualidade para estabelecer um plano de negócios, estruturado e sustentável, buscando considerar todas as fases do empreendimento e suas necessidades particulares.
5 **Disciplina:** organização e coerência apropriadas para seguir seu planejamento e atingir suas metas.
6 **Perseverança:** firmeza e determinação. Persistente, não desiste

frente aos obstáculos. Concretiza o que os outros apenas começam. Continua quando os outros desistem.

7 **Aprendizagem empreendedora:** aprende com paixão, buscando a utilização prática do conhecimento.

8 **Atitude inovadora:** utiliza a criatividade visando a resultados práticos para o negócio. Vê o que os outros veem, mas exercita um olhar questionador. Por isso inova, introduz, modifica, transforma e agrega muito mais valor que os outros.

9 **Proatividade:** chama para si a responsabilidade, cria demanda, antecipa-se a necessidades e tendências do mercado.

10 **Postura empreendedora:** emprega todo seu potencial. Não utiliza uma ou outra das características (ingredientes), mas todas elas, de maneira conjunta. Transforma ideias em atitudes e sonhos em realidade.

Esses são dez dos principais ingredientes do comportamento empreendedor; mas existem muitos outros, tais como: capacidade de estabelecer network, liderança, negociação, habilidades interpessoais, autoconfiança, autoconsciência, senso crítico, autoestima, sensibilidade, capacidade de tomar decisões, assertividade, resiliência, energia, sociabilidade, flexibilidade, dinamismo, raciocínio estratégico, interdependência, otimismo, intuição, tenacidade, autossuperação etc. Comecemos com os ingredientes que possuímos e, aos poucos, sofisticaremos nossa receita pessoal com outros que vamos adquirindo, experimentando e aprendendo a usar. Como um bom cozinheiro, devemos utilizar muito bem aquilo que já temos à mão. Comece entusiasmando-se!

....

"Entusiasmo é a inspiração de qualquer coisa importante. Sem ele, nenhum homem deve ser temido; e, com ele, nenhum homem deve ser desprezado."
CHRISTIAN NESTELL BOVEE (1820-1904)
Autor norte-americano do século XIX.

"A História será gentil comigo porque eu pretendo escrevê-la."
SIR WINSTON CHURCHILL (1874-1965)
Historiador, escritor, artista e político britânico, recebeu o prêmio Nobel de literatura em 1953.

Escreva a sua história

Em sua vida você terá que responder a muitas perguntas, e as primeiras e mais importantes são as que faz a si mesmo. Você nunca terá todas as respostas, mas, se não tiver nenhuma, não chegará a lugar algum. Certas repostas são provisórias. É melhor contar com elas assim do que ficar imobilizado, mergulhado em um mar de incertezas.

Algumas pessoas têm tanta dificuldade em tomar decisões que acabam sempre "decidindo" que nada do que elas desejam irá acontecer.

Afinal, não escolher também é uma escolha!

Na vida, ou você escreve sua própria história ou se contenta em ler a história que os outros estão escrevendo por você sem sequer consultá-lo...

Comece a escrever sua própria história. Não se renda às suas dúvidas. Não tema se equivocar.

**Quando você escreve sua própria história,
pode alterá-la a qualquer momento!**

Se errar, você poderá começar outra vez. Se tentar mil caminhos e nenhum deles estiver correto, saberá que eles não levam para onde você quer ir. Estará muito melhor que alguém que não está tentando nenhum caminho, não sabe aonde eles levam e não sai do lugar explorando o mundo e suas possibilidades. Contudo, faça-o com senso de responsabilidade, para evitar excursões por situações que só possuem porta de entrada...

Muitas vezes, errar o caminho tentando acertar lhe concede a oportunidade de conhecer novas paisagens. Você não descobriria esses novos cenários sem tal "desvio". O conhecimento dessas paisagens será bagagem muito útil durante todo o restante da viagem.

Nem todos os desvios deixam o caminho mais longo...

"Muitas pessoas têm ideias, mas poucas decidem fazer algo sobre elas agora. Não amanhã. Não na próxima semana. Mas hoje. O verdadeiro empreendedor é um executor, não um sonhador."

NOLAN BUSHNELL (1943-)

Empreendedor norte-americano fundador da Atari.

A origem do conceito de empreendedorismo

A palavra empreendedor (*entrepreneur*) surgiu na França, por volta dos séculos XVII e XVIII, definindo pessoas ousadas e com uma postura inovadora e proativa. Pessoas que introduziam novas e melhores práticas e estimulavam o progresso socioeconômico.

O conceito deriva da união das palavras *entre* + *prendre*.

Em latim, *entre* deriva de *inter*, cujo significado é o espaço a ser percorrido entre um lugar e outro. *Inter* significa, ainda, reciprocidade e interação. A palavra *prendre* deriva de *preendere*, cujo significado é tomar posse, empregar, tomar uma atitude.

Os franceses possuem o verbo *entrependre*, que originou, tanto em francês quanto em inglês, a palavra *entrepreneur*. Assim, a palavra *empreendedor* passou a ser a definição das pessoas que possuem iniciativa, assumem riscos e promovem a geração de riqueza.

Observe como os significados originais de *entre* e *prendre* estão diretamente ligados com o sentido da missão do empreendedor:

1 Existe um espaço a ser percorrido entre onde você está agora e o ponto em que alcançará a realização do seu sonho, das suas metas. É necessário interagir com esse espaço, estabelecer uma

relação de reciprocidade entre o que a vida lhe oferece e o que você oferece à vida.

2   Esse espaço só será percorrido (e o sonho, realizado) se você não ficar paralisado diante do risco e tiver a iniciativa e as atitudes necessárias para vencer. É preciso assumir riscos, utilizando as atitudes empreendedoras para gerar um futuro com muito mais valor.

Atribui-se aos economistas Richard Cantillon (em 1755) e Jean-Baptiste Say (em 1803) o início da utilização do termo empreendedor para caracterizar pessoas dispostas a assumir riscos, enfrentar incertezas e transformar o contexto em que vivem, criando novas realidades a partir de oportunidades observadas.

Um dos mais importantes economistas do século XX, o austríaco Joseph Schumpeter, definiu os empreendedores, em sua obra *Teoria do desenvolvimento econômico*, como: pessoas que revolucionam a sociedade e a economia por meio do desenvolvimento de novas maneiras de produzir e comercializar, promovendo significativas mudanças.

Com essas palavras, Schumpeter estava enfatizando o fundamental aspecto INOVADOR dos indivíduos empreendedores.

Mais tarde, Peter Drucker ampliou as definições anteriores (incluindo a de Schumpeter), propondo: os empreendedores aproveitam as oportunidades para implementar mudanças, não se limitando aos próprios talentos pessoais e intelectuais, mas mobilizando o conhecimento de outros profissionais e de outras áreas, buscando de maneira interdisciplinar todos os recursos éticos necessários para alcançar seus objetivos.

Drucker demonstra que o conceito de empreendedorismo está diretamente relacionado à valorização da oportunidade, à superação de obstáculos e ao trabalho em equipe, **unindo teoria e prática**.

....

"Conhecimento é poder, desde que você o transforme na atitude certa, no momento certo. A atitude certa, no momento certo, torna você a pessoa certa!"

CARLOS HILSDORF,
na palestra "Empreendedorismo — A ciência e a arte de fazer acontecer".

*"Um homem sábio cria mais
oportunidades do que encontra."*
FRANCIS BACON (1561-1626)
*Político, filósofo e ensaísta inglês
considerado o pai da ciência moderna.*

Por necessidade ou por oportunidade?

Há basicamente duas motivações para o empreendedorismo: necessidade e oportunidade.

Historicamente, observamos um maior contingente de empreendedores por necessidade. O empreendedorismo por necessidade está muito mais ligado à busca pela sobrevivência, enquanto o empreendedorismo por oportunidade está muito mais focado na expansão das oportunidades, dos negócios e na geração de riqueza (lembrando que não se trata apenas de riqueza no sentido monetário).

Cruzando os dados de pesquisas do Sebrae (Serviço Brasileiro de Apoio às Micro e Pequenas Empresas), IBGE (Instituto Brasileiro de Geografia e Estatística), GEM (Global Entrepreneurship Monitor) e IBQP (Instituto Brasileiro de Qualidade e Produtividade), estima-se que em 2012 tínhamos cerca de 36 milhões de empreendedores no Brasil.

Em 2011 chegamos ao pódio como terceiro país do mundo em número estimado de pessoas desenvolvendo alguma atividade empreendedora (considerado o percentual da população exercendo atividades empreendedoras para cada país). Sob essa ótica estávamos atrás, apenas, da China e dos Estados Unidos!

Possuímos uma TEA (taxa de empreendedores em estágio inicial) de 15,4 — o que significa que, para cada cem brasileiros, quinze iniciaram algum tipo de atividade empreendedora a menos de 3,5 anos; já considerando o número total de empreendedores (com e mais de 3,5 anos de empreendimento), essa taxa sobe para 30,2%, o que mostra que, para cada cem brasileiros, trinta estão envolvidos em atividades empreendedoras.

E o mais importante é que, ao longo da última década, a qualidade do empreendedorismo brasileiro vem aumentando muito. Isso demonstra que os empreendedores brasileiros estão compreendendo que o melhor caminho para um empreendimento sustentável é o do conhecimento.

Prova disso é que o empreendedorismo por oportunidade ultrapassou o empreendedorismo por necessidade. Ainda de acordo com a pesquisa do GEM 2012, 69,2% dos empreendedores iniciais do Brasil são por oportunidade e estima-se que atualmente há 2,3 empreendedores por oportunidade para cada empreendedor por necessidade. Outra mudança significativa é o fato de os jovens estarem empreendendo mais. Os jovens entre 25 e 34 anos apresentaram a taxa mais alta de empreendedorismo, quando analisamos por faixa etária. Embora esse grupo possua a taxa mais alta de empreendedorismo por faixa etária, convém observar que de 2008 em diante houve uma progressiva e significativa entrada de jovens na faixa etária de 18 a 25 anos, também com elevada taxa de empreendedorismo.

Não existe uma fórmula ou um modelo absoluto para o empreendedorismo, já que a inovação o caracteriza, mas de maneira didática podemos utilizar uma sequência simples que nos permita visualizar uma breve síntese do processo.

"Fórmula" (breve síntese) do empreendedorismo:

Observação (constante)
+
Necessidade ou Oportunidade (espontânea e/ ou criada)
+
Iniciativa (consciência da importância de agir imediatamente)
+
Conhecimento (aprendizagem contínua)
+
Habilidade (capacidade de aplicar o conhecimento)
+
Atitudes Empreendedoras (assumir riscos, vencer obstáculos, perseverar com garra, determinação e disciplina)
+
Inovação (predisposição em utilizar conhecimentos, habilidades e atitudes de maneira original, para uma maior geração de valor)

Empreendedorismo

Observe que sempre há muitas oportunidades, mas nem sempre existe a iniciativa de aproveitá-las. **No mundo dos negócios, os últimos serão sempre os últimos!**

Os primeiros são aqueles que possuem a iniciativa e a ousadia de aceitar o desafio de construir a ponte à medida que atravessam o rio...

....

"Qualquer coisa que você possa fazer ou sonhar, você pode começar.
A ousadia tem genialidade, poder e magia em si."
JOHANN WOLFGANG VON GOETHE (1749-1832)
Escritor e pensador alemão do final do século XVIII e início do século XIX.

"Aqui jaz um homem que soube se rodear de outros mais capazes que ele próprio."
EPITÁFIO DE ANDREW CARNEGIE (1835-1919)

Empreendedor e milionário escocês, foi um dos homens mais ricos do mundo à sua época. Doou em vida mais de 350 milhões de dólares.

O empreendedor não é um herói solitário

É comum confundirmos empreendedor com empresário e administrador, ou considerarmos empreendedores apenas as pessoas que dão início a um negócio.

Nem todo administrador é empreendedor e nem todo empreendedor é um administrador, embora exista uma força fantástica quando essas duas competências são desenvolvidas por uma mesma pessoa.

A definição de empreendedorismo é muito mais ampla, não se restringe apenas a uma pessoa que abre ou administra o próprio negócio. É a ação de criar valor realizada por pessoas e organizações que trabalham em conjunto para implementar uma ideia, atingir uma meta, realizar um sonho.

Como vimos anteriormente, na contribuição de Peter Drucker, o empreendedor não age e não deve agir sozinho, ele se une a outras pessoas que completam o seu conhecimento, trazendo conhecimento adicional, inclusive de outras áreas.

Empreendedorismo é um esporte coletivo!

A maior habilidade de um verdadeiro empreendedor é compartilhar sua visão com outras pessoas, convidando-as e cativando-as para a implementação dos seus projetos, ideias e sonhos.

Os verdadeiros empreendedores estabelecem vínculos com outras pessoas, outros empreendedores, que passam a "sonhar o mesmo sonho" e a "semear o mesmo campo".

Por trás da vitória de todo grande empreendedor encontramos sempre outras pessoas que, de uma forma ou de outra, o ajudaram a sonhar e a construir sua realidade. Pessoas que o inspiraram, incentivaram, opinaram, duvidaram, discordaram e, por diversos meios, o ajudaram a crescer. Se você está na universidade, procure fazer parte de uma empresa júnior, das associações de líderes e jovens empreendedores; isso será inspirador e trará novas experiências.

Uma excelente sugestão para quem está iniciando um negócio e precisa encontrar parceiros, igualmente empreendedores, consiste em procurar uma incubadora de negócios. Incubadoras são espaços especialmente planejados para abrigar e dar suporte a empresas em sua fase inicial, onde o projeto está em amadurecimento e início de atividade. Elas oferecem suporte técnico, gerencial e conceitual a novos empreendedores por meio de assessorias, consultorias, orientação na elaboração de projetos focando instituições de crédito/ fomento, serviços administrativos, acesso a network etc.

Andrew Carnegie foi um escocês que viveu nos Estados Unidos. Um dos homens mais ricos do mundo à sua época, atribuía todo o seu sucesso aos colaboradores e amigos, igualmente empreendedores, muitos dos quais se tornaram milionários também. Faça como Andrew, cerque-se de pessoas tão ou mais competentes que você, pessoas que complementem suas forças. Invista mais nas pessoas que nas ideias, porque são as que geram as ideias e não o contrário!

**Só os verdadeiramente grandes reconhecem
e convivem bem com a grandeza dos outros!**

"Nós somos continuamente expostos
a grandes oportunidades brilhantemente
disfarçadas de problemas insolúveis!"
JOHN W. GARDNER (1912-2002)
Secretário da Saúde, Educação e Bem-Estar no
governo do presidente norte-americano Lyndon Johnson.

Dedique-se ao difícil

Ainda no latim, a palavra *imprehendere* implica o significado de fazer aquilo que é muito difícil. Assim, empreendedores são aquelas pessoas que "tomam a dificuldade nas mãos", dedicam-se ao que é difícil, continuam onde os outros desistem e fazem acontecer.

Por incrível que possa parecer, a dificuldade é sua amiga. Quanto maior for o grau da dificuldade, menor será o número de concorrentes que você terá que enfrentar. Aquilo que é fácil e todo mundo pode fazer está repleto de gente fazendo, e, por isso, proporciona oportunidades menores, salários menores, lucros menores...

O que é "difícil" terá sempre melhor remuneração, oferecerá maiores margens de lucro e perspectivas futuras muito melhores.

As empresas e o mercado sempre pagam melhor e se mantêm fiéis àqueles profissionais e empresas que conseguem fazer "o difícil" — são os extraordinários (que vão além do que é ordinário, ou seja, além do comum).

No mundo atual, altamente competitivo, não basta ser bom, é preciso ser excelente. O bom é "inimigo" do ótimo e, na maioria das vezes, denota comodismo. Não se contente em ser bom, dedique-se a ser ótimo!

O gênio é aquele que "inicia" seu trabalho quando a maioria das pessoas o dá por concluído. Na verdade, o que contribui para a criação de um gênio é o amor e a dedicação aos detalhes. Gênio é aquele que continua em busca da excelência quando os outros se dariam por satisfeitos.

É difícil fazer o que os outros não fazem. É difícil fazer as coisas de uma forma que os outros não fazem. Mas compreenda: **muito mais importante do que as coisas que você faz é a maneira como você faz as coisas!**

Pessoas verdadeiramente especiais são aquelas que **conseguem transformar o comum em incomum, o normal em extraordinário e o simples em maravilhoso!** Assim são os grandes artistas, os grandes cientistas, os grandes empreendedores. São pessoas que fazem o difícil. Elas tornam as coisas únicas e é por isso que são percebidas como pessoas especiais.

Sua obra, sua alma.

*"Não se preocupe com suas dificuldades
em matemática, posso garantir
que as minhas são ainda maiores."*
ALBERT EINSTEIN (1879-1955)
*Matemático e físico teórico alemão que revolucionou a ciência.
Abriu as portas para as modernas teorias da física quântica.*

Não transforme dificuldades em problemas

A vida não oferece problemas, apenas dificuldades. Sim, problemas são invenções humanas, são consequências da nossa postura diante das dificuldades inerentes ao ato de viver. Quando não sabemos tratar as dificuldades de maneira adequada, elas evoluem e se transformam em problemas.

E como, em geral, não gostamos de problemas, costumamos fugir deles, procurando ignorá-los, acreditando que desaparecerão se não lhe dermos tanta atenção, ou se fingirmos que eles não existem ou não são "tão importantes assim", adiando o seu enfrentamento.

Todo problema não resolvido retorna agravado! A forma mais comum de um problema não resolvido retornar ocorre no formato de uma crise.

As pessoas dizem: "meu casamento está em crise, minhas finanças estão em crise, minha empresa está em crise...".

Um momento! Antes da crise você teve problemas, então por que não os enfrentou? Antes dos problemas você tinha apenas dificuldades. Por que não dedicou mais atenção a elas?

A crise é o terceiro estágio. Ela se instalou porque você não lidou apropriadamente com as dificuldades.

Ninguém tem uma crise de pânico sem que existam problemas

(distúrbios) de ansiedade, e ninguém tem distúrbios de ansiedade sem antes possuir dificuldades (envolvendo o equilíbrio da química cerebral e questões comportamentais) de enfrentar o mundo como ele é. A crise de pânico, assim como todas as crises, é uma consequência das fases anteriores.

Nos momentos de crise as pessoas costumam fazer duas coisas:

1 precipitam-se;
2 perdem o momento certo de agir.

Precipitar-se é agir sem a informação e o conhecimento necessários; e adiar o momento certo de agir equivale a dizer "vamos deixar como está para ver como é que fica...". Sabe como fica? Fica pior. **Não agir significa declarar a vitória da crise sobre sua inteligência**. Nesse ponto a crise se transforma em caos!

Sequência das Atitudes Limitadoras

Dificuldade → Problema → Crise → Caos

....

"A vida oferece dificuldades e nós as transformamos em problemas ou oportunidades de acordo com as escolhas que fazemos."

CARLOS HILSDORF

no livro Atitudes vencedoras.

"O que é a vida senão uma série de loucuras inspiradas? A dificuldade é encontrá-las para vivê-las. Nunca perca uma oportunidade: elas não surgem todos os dias!"

GEORGE BERNARD SHAW (1856-1950)

Escritor, jornalista e dramaturgo irlandês.

Transforme dificuldades em oportunidades

Sabendo que o caminho do caos começa permitindo que dificuldades se transformem em problemas, mude de atitude imediatamente: transforme dificuldades em oportunidades e você perceberá que muitas situações nas quais não empreendemos frente às dificuldades só são difíceis porque não as enfrentamos, ousando empreendê-las!

De que adianta você possuir enorme talento se não tiver uma oportunidade? De que adianta você ser genial se ninguém conhece suas ideias? Um gênio desconhecido dificilmente poderá ajudar a melhorar o mundo, ele precisa se expor através de oportunidades...

Há dois tipos de oportunidades:

1 as que surgem espontaneamente e você precisa da atitude certa para aproveitá-las;
2 as que surgem somente por meio do seu esforço de garimpar, inventar e criá-las para si mesmo.

Oitenta por cento das oportunidades são do segundo tipo, e só aparecem se você lutar por elas. Lembrando que a maior parte delas virá sempre disfarçada de dificuldade.

Enfrente a dificuldade como um vencedor e ela se transformará, inevitavelmente, no caminho para a oportunidade que você tanto busca. Quando a oportunidade encontra a competência, nasce o sucesso!

Muita atenção! Quando você atingir o sucesso, estará frente a frente com o maior dos desafios: o de se superar, inovar e se reinventar. Sucesso não é um ponto a ser atingido, é um estilo de comportamento a ser mantido por meio do aprendizado contínuo, da superação e da evolução. O sucesso é apenas um patamar temporário de conquista; ele só existe enquanto você o mantém e você só o mantém se continuar a desenvolvê-lo...

Se você não fizer isso, não manterá sequer o que conquistou.

Sequência das Atitudes Vencedoras

Dificuldade → Oportunidade → Sucesso → Inovação

Sucesso não é algo que se conquista, mas algo que se cultiva. A cada colheita você terá que semear de novo!

"Montanhas são feitas de pequenos grãos de areia;
oceanos, de milhões de gotas d'água;
sinfonias inteiras são compostas a partir de sete
notas musicais... Se você ainda não acredita
na grandiosidade das pequenas coisas,
precisa rever esse 'pequeno' equívoco..."
CARLOS HILSDORF
na palestra "Atitudes Empreendedoras".

Pequenos grandes negócios

Quando o gestor de uma pequena ou média empresa lê um livro sobre negócios ou participa de uma palestra ou seminário, fica com a sensação de que o conteúdo só é relevante e aplicável para empresas grandes que dispõem de muito capital para implantar as ações sugeridas. Essa é uma ilusão que precisamos vencer.

É verdade que a maioria dos best-sellers de negócios trata de *cases* de grandes empresas, mas o conhecimento contido neles também é aplicável aos pequenos negócios. Vejamos:

Se você administra uma pequena empresa, pode não possuir um departamento de marketing, um departamento comercial, um departamento de RH, um departamento financeiro etc. Mas você precisa de pessoas que cuidem do marketing, das vendas, do RH e do financeiro, mesmo que no início você acumule todas essas funções.

Algumas dicas para aproveitar os conhecimentos e as estratégias de sucesso das grandes empresas:

a **Transforme a atuação dos departamentos de uma grande empresa em AÇÕES para a pequena empresa.**
Não importa que você não tenha um departamento de marketing, mas é fundamental possuir ações de marketing que serão responsá-

veis pelo êxito da sua comunicação e posicionamento no mercado (como o mercado enxerga a sua empresa).

Tudo bem que ainda não possua departamento de RH, mas você precisa ter ações de RH, pois são elas que vão estabelecer um relacionamento de qualidade entre a empresa e seus colaboradores.

Planeje suas ações. Isso significa estabelecer: o que fazer, como fazer e quando fazer. Pergunte-se no início de cada período: o que fazer (quais as ações) para melhorar seu marketing, suas vendas, seu RH e seu financeiro. Depois pergunte como e quando fazer, estabeleça prioridades e... FAÇA!

O planejamento, sozinho, não faz nada pela sua empresa. Ele depende de suas atitudes efetivas para concretizá-lo no dia a dia. É a execução que concretiza o valor do planejamento.

b Não importa o tamanho do seu fôlego financeiro, encontre ações compatíveis com ele.

Outra ilusão muito comum quando as pequenas empresas se comparam com as grandes consiste em dizer que as pequenas não possuem verba para fazer o que as grandes fazem. Consideradas as proporções, isso não é verdade. A frase correta seria: Não temos tanta disponibilidade de verba (volume) quanto elas para fazer o que elas fazem. Contudo, se observarmos em termos percentuais, muitas vezes podemos investir os mesmos 5% ou 15% do nosso faturamento líquido para esta ou aquela ação fundamental. Tudo é uma questão de proporção. Não poder alocar o mesmo volume de verba não significa que não podemos alocar o mesmo percentual e, menos ainda, que não podemos fazer nada porque somos pequenos.

Em geral, muitas pequenas e médias empresas se esquecem de destinar parte do lucro para ser reinvestida no negócio.

É também comum que proprietários de pequenas e médias empresas confundam suas contas pessoais com as da empresa — isso é um erro gravíssimo.

Se você não reinveste no negócio, dedicando verba para ações de marketing e RH, apenas para citar dois exemplos, está investindo primeiro no seu concorrente e, segundo, em problemas futuros.

Em vez de reclamar que não pode investir tanto quanto uma grande empresa, dedique-se a investir o quanto você efetivamente pode.

Estabeleça ações de acordo com o seu fôlego, mas não deixe de agir. Se não pode fazer uma convenção para seus funcionários, faça reuniões produtivas com eles. Se não puder oferecer um jantar especial para as pessoas mais importantes no seu negócio, ofereça uma pequena confraternização, programe uma pizzaria... Ofereça sempre o melhor que as condições permitirem.

Adapte sua verba, seja criativo, mas não deixe de realizar as ações fundamentais em cada área do seu negócio.

O que não podemos fazer não deve jamais ser desculpa para não realizar aquilo que podemos e devemos.

c   **As melhores empresas estão continuamente focadas em crescer e se aperfeiçoar.**

Faça do princípio número 1 da qualidade total — "**Todo trabalho pode e deve ser aperfeiçoado**" — o lema da sua empresa. Acorde a cada manhã com olhos de aperfeiçoamento, mantenha-se interessado e entusiasmado com o seu trabalho e com as pessoas que ajudam a torná-lo realidade.

O tamanho do seu negócio não é o tamanho do seu lucro ou do seu fôlego financeiro. O tamanho do seu negócio é o tamanho da sua capacidade de empreender e manter-se focado na melhoria contínua e nas oportunidades.

A função de um empresário e de uma empresária é construir a melhor versão possível de futuro para o negócio. Dedique-se a construir um futuro sempre melhor. Uma empresa nunca será maior que o modelo mental e a visão de seu mentor, por isso dedique-se a crescer sempre como pessoa e como profissional. A vida, o mundo e todos a quem você ama aguardam ansiosamente pelas suas próximas conquistas e realizações. Dedique-se!

A empresa pode ser pequena, mas os negócios não precisam nem devem ser! Enquanto a coerência e a dedicação fazem com que as pequenas coisas cresçam, a falta delas leva os grandes impérios à decadência.

O futuro pertence aos melhores, esteja entre eles!

As pessoas se esquecem de que os pés podem permanecer no chão enquanto a alma voa alto. Pequenas forças focadas têm um poder maior que enormes forças dispersas!

"Quando um barco é desviado de seu curso, um bom capitão irá manejá-lo de tal maneira que o levará de volta ao curso original. Da mesma maneira, quando a vida o levar para uma direção negativa, a sua melhor resposta é trazer-se de volta para um posicionamento melhor."

TIM MACKINTOSH–SMITH (1961-)

Escritor britânico especializado em Oriente Médio.

Não arrume desculpas nobres para atitudes pobres

As dificuldades são matéria-prima para o verdadeiro empreendedor. Muitas delas começam antes mesmo de você sair de casa, tais como:

1 falta ou deficiência de recursos financeiros, conhecimento ou experiência;
2 inimigos gratuitos que nos impedem ou prejudicam por antipatia ou simples inveja;
3 fracassos e prejuízos anteriores;
4 falta de apoio das pessoas que você considera as mais importantes em sua vida e/ou das que mais poderiam ajudá-lo;
5 impressão de que, por mais que você se esforce, nada vai mudar.

Seguindo a ordem anterior, reflita:

Não reclame do que você não tem, use com inteligência e garra tudo aquilo que tem!

Ninguém atira pedras em árvores sem frutos. Inimigos gratuitos são sinais de frutos abundantes...

Encare os fracassos e prejuízos como investimentos em acertos futuros, você deve usar essa experiência para construir um futuro melhor. Observe que a maioria dos grandes empreendedores experimentaram fracassos, mas nunca se tornaram fracassados.

Na esfera afetiva, não confunda amor com compreensão. As pessoas que você mais ama podem não conseguir compreender a qualidade da sua ideia, o tamanho do seu sonho e o alcance das suas atitudes. Às vezes, quem mais poderia ajudar não consegue perceber que deveria ajudar, não sabe como ajudar ou pensa que está ajudando ao fazer, segundo creem, você colocar "os pés no chão".

Quanto mais você se dedicar, mais as coisas mudarão — e para melhor; isso é certo, mesmo quando você não consegue perceber. Não permita que sua criatividade desenvolva desculpas nobres para atitudes pobres. Sejam quais forem os obstáculos, siga adiante com determinação inabalável!

Se, apesar de tudo, as investidas de pessoas que insistem em se comportar como seus inimigos gratuitos e atacá-lo por diversos lados têm incomodado você, acompanhe esta reflexão que escrevi tempos atrás:

PEDRAS E FRUTOS*

Não se atiram pedras em árvores sem fruto; toda tentativa de apedrejamento visa sempre derrubar os frutos.

Inocente a ignorância dos apedrejadores, porque, mesmo conseguindo o feito, se esquecem de que os frutos caídos no chão experimentarão o tempo e a decomposição e voltarão a frutificar, de uma ou de outra maneira, pois cada semente dá origem à essência interior que carrega.

Já as pedras caídas no chão permanecerão pedras, e as mãos que as atiraram terminarão vazias, tão vazias quanto o coração e a alma que lhes ativaram o movimento.

---

*   do livro *Atitudes vencedoras*, de Carlos Hilsdorf.

"Deixe que os outros levem vidas pequenas, mas não você. Deixe que os outros discutam sobre coisas pequenas, mas não você. Deixe que outros chorem sobre pequenas dores, mas não você. Deixe que os outros deixem o futuro nas mãos de terceiros, mas não você!"

JIM ROHN (1930-2009)

Empreendedor norte-americano.

Desenvolva atitudes vencedoras

Atitudes vencedoras são escolhas que contribuem com o nosso crescimento pessoal, com a expansão de nossas possibilidades, com a plena utilização de nosso talento. Revelam a nossa essência, tornando-nos melhores a cada dia. Elas nos conduzem ao sucesso!

Essas atitudes nos colocam em sincronia com a nossa missão pessoal e nos encaminham para a autorrealização. Elas nos permitem ser quem nascemos para ser.

Atitudes vencedoras transformam dificuldades em oportunidades. Se aproveitarmos as oportunidades, as atitudes se tornarão atitudes empreendedoras (ganharão uma dimensão e alcance superiores ao nosso universo íntimo, como veremos mais adiante).

Não adianta você ganhar muito dinheiro se não experimentar esse sentimento íntimo e profundo de realização. De nada serve ser muito conhecido e respeitado por alguma atividade, se você estiver infeliz e insatisfeito.

Atitudes empreendedoras tornam as oportunidades concretas, realizam o seu potencial. Elas resultam em uma especial fonte de prazer e satisfação que preenche a vida de significado.

Todo caminho em direção à vitória tem momentos cansativos, desgastantes e pouco convidativos. Um atleta tem que deixar toda manhã sua cama quentinha para trocá-la por uma piscina fria, pelo vento gelado da pista solitária de corrida. Um pianista chega a estudar dez, doze horas por dia e, nesse tempo, fica impossibilitado de namorar, interagir com os amigos. Tudo requer um investimento. Vencer não é apenas fazer as coisas agradáveis da vida e da profissão. Antes do aplauso, o artista precisa de anos de preparação e ensaio. Da mesma maneira, antes do sucesso o empreendedor tem que batalhar muito, ouvir muitos nãos, experimentar a incompreensão, os boicotes, a falta de consideração de colegas e colaboradores, a falta de visão do sócio etc.

Por isso, não basta simplesmente fazer o que você ama, mas é preciso aprender a amar tudo o que você faz!

Sem o calor do forno, não se produz aço de qualidade. O trigo tem que ser triturado para tornar-se pão à mesa. O diamante, lapidado para adquirir real valor.

A busca pelo sucesso é feita de risos e lágrimas, dor e prazer, suor e conquista.

Nada de grande na vida pode ser feito sem que cada um de nós atravesse o próprio deserto.

Da mesma maneira que quem não sabe sorrir não deve abrir uma loja, quem não quer dificuldades não deve empreender.

Empreender é aceitar a maior de todas as batalhas: vencer a si mesmo!

A vida é feita de escolhas...

....

"Não podemos escolher o que a vida coloca a nossa frente, mas podemos e devemos escolher o que faremos diante do que ela nos trouxe."

JEAN-PAUL SARTRE (1905-1980)

Filósofo, ativista político e crítico literário francês.
Vencedor do prêmio Nobel de literatura em 1964.

"Para viver uma vida criativa, você precisa perder o medo de estar errado."
JOSEPH CHILTON PEARCE (1926-)
Escritor norte-americano.

Nunca se aconselhe com seus medos

O medo sempre o aconselha a desistir. Sempre o convida a retroceder, fugir do novo, da incerteza e do risco.

Não há empreendimento, negócio ou empresa no mundo que não precise enfrentar riscos. Por isso você não deve se aconselhar com seus medos.

O medo nos foi concedido pela Natureza para preservar a vida, não para paralisá-la. Quando o medo nos paralisa, deixa de ser bom para tornar-se uma doença.

Corajoso não é quem não sente medo, é quem vai em frente **apesar** do medo.

No cinema, a sombra do monstro é sempre maior que o próprio monstro, e o som que ele emite é muito mais amedrontador que sua capacidade de causar dano. Na vida, é a mesma coisa: a maior parte dos nossos medos é fruto da nossa imaginação, que agiganta as coisas, tornando-as assustadoras.

Assim como existem possibilidades de que algo não dê certo, existem as possibilidades de que dê certo — e muito certo. Quando sentem medo, as pessoas focalizam mais as chances de fracasso que as de sucesso.

O número de pessoas que desiste quando tinham real possibilidade de vitória é infinitamente maior do que você pode imaginar. Perderam para si mesmas, perderam para o medo de tentar e não conseguir. Elas se autossabotaram!

Não há vergonha em perder batalhas na vida, mas deve haver arrependimento por não enfrentá-las. O medo se alimenta de suas fugas e se torna mais forte quanto mais você ouve seus conselhos.

Nunca se aconselhe com seus medos, eles diminuem e desaparecem quando seguimos decididamente em frente.

*"Felicidade acontece quando o que você pensa,
o que você diz e o que você faz estão em harmonia."*
MAHATMA GANDHI (1869-1948)
*Advogado e pacifista indiano, conhecido por liderar
o movimento pela independência da Índia.*

Cuidado com a autossabotagem

Pare de sabotar sua vida, sua felicidade e seu sucesso.

É sempre mais fácil culpar os outros e a vida por nossas desistências e fracassos. Mas o caminho mais fácil não é, necessariamente, o melhor caminho.

Quanto antes percebermos que nós mesmos sabotamos nossas possibilidades de felicidade, sucesso e prosperidade, maiores serão nossas chances de vitória, porque o tempo não para e a oportunidade não espera, especificamente, por você, mas por alguém com atitude suficiente para aproveitá-la.

É inquietante a incoerência humana. O homem destrói, com suas próprias atitudes, aquilo que mais ama e deseja. Matamos antecipadamente nossos sonhos por medo de que eles não se realizem.

Sabendo das dificuldades iniciais e prevendo que outras maiores virão, começamos a colecionar desculpas nobres para justificar o nosso possível fracasso na realização do sonho. Admitir uma derrota sem antes participar da luta para superá-la é, de fato, o início do fracasso.

Aqui, exatamente aqui, frente às dificuldades iniciais, começamos a fazer "amizade" com o fracasso: começamos a nos autossabotar. De imediato procuramos algo ou alguém em quem depositar a culpa pela não realização do sonho: os pais, a companheira, o companheiro, o mundo, o mercado, o universo, o destino...

A verdade é que começamos a desistir logo no início da jornada. E essa desistência tem uma explicação simples: com o medo de "nadar muito e depois morrer na praia", abandonamos o sonho do mar. Preferimos trocar uma possível frustração futura, que julgamos ser maior, por uma frustração imediata menor.

E, para enganar a nós mesmos, usamos toda a nossa criatividade para desenvolver desculpas nobres que encubram nossas atitudes pobres!

Começamos a dizer:

— Na verdade eu não queria isso tanto assim! Não tinha mesmo tanta importância...

— Foi melhor tantas dificuldades terem aparecido, não daria certo mesmo!

— Ainda bem que a vida me mostrou que isso não era para mim; se realmente fosse, as coisas não seriam tão difíceis!

Mentimos escancaradamente para nós mesmos e para todos aqueles que não queremos decepcionar, alegando que desistimos de algo pequeno e sem importância, quando na verdade estamos desistindo do que mais importa: nossa disposição para lutar e vencer.

Queremos ser felizes, prósperos e obter sucesso, mas temos receio de não conseguir ou não manter essas conquistas. Observe as relações amorosas: com medo do abandono, acabamos por estabelecer relações tormentosas, baseadas na cobrança excessiva, na agressividade, no ciúme, no controle e na manipulação. Tudo isso só nos aproxima mais rápido da perda e do abandono.

Esta é uma das mais profundas incoerências humanas: matar aquilo que mais desejamos alcançar e manter. Pare neste exato momento e reflita sobre atitudes que está adotando que são absolutamente contrárias aos seus objetivos. Reflita sobre como você vem usando sua criatividade para encontrar desculpas nobres para atitudes pobres e pare de se autossabotar!

A maior de todas as tolices é tornar-se seu próprio inimigo. Lamentavelmente é também a mais comum.

A propósito: pare de se autossabotar com essa culpa por ter se sabotado tanto até agora! Culpas não resolvem nossas vidas; as agravam. Transforme a culpa em responsabilidade. Torne-se responsável por escrever uma nova história de agora em diante e por perceber e corrigir cada vez mais rápido qualquer deslize de autossabotagem.

Quando caímos, podemos ficar olhando para os limites impostos pelo solo ou dar a volta e olhar para o espaço infinito oferecido pelo céu. A escolha é nossa.

Todo empreendedor atravessa altos e baixos. O estresse gerado pelos momentos de fracasso promove grandes reflexões, ideias, soluções e saídas novas.

Quando perceber qualquer possibilidade de autossabotagem, delete-a imediatamente! Somos os editores do nosso próprio destino, portanto não permita a publicação de nenhum parágrafo que diminua a beleza da sua história.

Aquele que se autossabota não precisa de inimigos!

"Prepare-se para o mundo assim como fazem os atletas para as competições. Prepare seus pensamentos e atitudes para conceder-lhes o suplemento necessário de flexibilidade — somente a força não poderá fazer isso."

LORD CHESTERFIELD (1694-1773)

Político, poeta e escritor inglês.

Rigidez não combina com empreendedorismo

Na vida, quanto maior a flexibilidade maior a felicidade. Observe que, em um dia de tempestade, as árvores rígidas são as que quebram mais fácil. As árvores flexíveis se curvam e deixam o vento passar.

Aplique a flexibilidade também aos seus sonhos. À medida que você caminha na realização deles, poderá perceber que existe um sonho muito maior que estava contido dentro do sonho inicial.

Inúmeros homens e mulheres de grande sucesso declararam que nunca sonharam em chegar aonde chegaram. Eles começaram na busca de um objetivo menor e encontraram dentro deste um sonho muito maior e mais significativo.

Se seus sonhos mudarem durante o caminho, não se surpreenda: a maior parte dos escritores e pintores observa cotidianamente seus textos e quadros caminharem espontaneamente para caminhos diferentes do que imaginavam no princípio e, ao final, surpreendem-se com uma obra superior à que intencionavam produzir na origem.

Essa é a verdadeira mágica da vida!

Permita-se sonhar sonhos diferentes.

Um dia perguntaram a Fred Astaire, um dos maiores bailarinos e sapateadores de Hollywood: como é que você faz para dançar tão maravilhosamente? Ele respondeu: "Apenas sigo a música, é ela que me conduz!".

O neurocientista brasileiro Miguel Nicolelis, inspirado por um professor que o convidava a seguir o som da música clássica para saber em que auditório estaria ministrando suas aulas, acabou seguindo a música dos neurônios e revolucionou a ciência com sua interface cérebro-máquina, permitindo que tetraplégicos voltem a andar (projeto Walk Again, cujo protótipo funcional foi apresentado na cerimônia de abertura da Copa 2014 no Brasil).

Existe uma música especial na vida dos empreendedores. Quando eles aprendem a ouvi-la e se deixam levar por ela, desenvolvem o que no mundo empresarial chamamos de *feeling* — uma intuição especial baseada no conhecimento, na experiência e na inspiração que conduz ao sucesso.

Shhh — Silêncio! Há uma música tocando...

"As mulheres foram chamadas 'rainhas'
por um longo tempo, mas o reino
a elas oferecido jamais lhes fez jus."
LOUISA MAY ALCOTT (1832-1888)
Escritora norte-americana.

A era das mulheres empreendedoras

Segundo o GEM 2012, as mulheres representam 49,6% do número de pessoas empreendedoras no Brasil, invertendo uma tendência histórica quando considerado, por exemplo, o período 2001-2007, em que a predominância dos homens à frente das atividades empreendedoras era significativamente maior, de acordo com dados do GEM 2007. Essa reversão da estatística a partir de 2008 evidencia a importância crescente e o valor formalmente reconhecido da mulher no universo do empreendedorismo, colocando-a oficialmente em proporção de igualdade.

Ainda considerando o relatório GEM 2012, o principal fator de motivação das mulheres empreendedoras tem sido a necessidade, o que confirma os dados do IBGE sobre as razões que levam uma imensa quantidade de mulheres ao mercado de trabalho, entre elas a busca por complementar a renda familiar, além do fato de muitas assumirem a totalidade do sustento do lar. Mesmo que em certas classes sociais algumas mulheres ainda iniciem suas atividades empreendedoras por necessidade, é importante ressaltar um crescimento anual significativo das que empreendem por oportunidade. Vale salientar ainda determinadas características extremamente positivas que, diante da demanda atual por sensibilidade associada à alta capacidade de concentração e realização, conferem às mulheres diferenciais competitivos muito interessantes.

Vivemos um período que vem sendo denominado no mundo dos negócios de "Women Fever" ou "Evaluation". Peter Drucker já havia preconizado esta época como sendo a "feminilização" do mundo, caracterizada por uma nítida predominância dos valores e conceitos femininos na sociedade. A maior presença de mulheres em cargos de alta hierarquia nos governos do mundo (presidentes, ministras, governadoras, secretárias de Estado, prefeitas) e à frente de importantíssimos projetos e cargos no mundo corporativo evidencia essa previsão.

Observando as características e os desafios do momento atual da economia internacional, percebemos o quanto o cenário é favorável às mulheres. Vivemos a chamada "Economia da Experiência e do Conceito" e, sobretudo, vivemos uma era de muitos desafios e pressões. Essa nova realidade requer que as pessoas apresentem um alto nível de resiliência — que é a capacidade de suportar pressões.

Uma breve reflexão sobre a história das mulheres evidencia o quanto elas estão mais bem preparadas que os homens para aproveitar melhor as oportunidades do momento atual. Durante séculos, elas foram reprimidas pelo machismo das sociedades patriarcais. Foram privadas de uma atuação política, social e econômica de maiores proporções. A ironia da história é que, ao exercer essa repressão sobre as mulheres, o machismo preparou-as para serem especialmente fortes, criativas, inovadoras, intuitivas e emocionalmente mais bem capacitadas para lidar com adversidades.

A mulher é muito menos preconceituosa que o homem e transita bem melhor diante da diversidade que compõe o mundo globalizado. A inteligência emocional das mulheres foi muito mais exercitada ao longo dos séculos que a dos homens, conferindo-lhes uma incrível vantagem competitiva.

A economia da experiência e do conceito está baseada na compreensão de aspectos emocionais e intangíveis que exigem muita sensibilidade. Essa especial sensibilidade é uma característica feminina e passa a ser a *core competence* (competência essencial) da era atual.

As mulheres suportam melhor a pressão e estão longe de ser o sexo frágil. A inteligência feminina está mais bem adaptada às atividades detalhistas. As mulheres conseguem se dedicar a vários projetos simultaneamente, sem abrir mão da qualidade em nenhum deles. O relacionamento e as emoções sempre foram muito mais valorizados por elas. A capacidade de comunicação feminina é admirável; estima-se que mulheres façam amizade cinco vezes mais rápido que os homens, apenas para dar um exemplo.

Vejamos uma pequena lista de características femininas que favorecem a Era das mulheres empreendedoras:

1 **Habilidade interpessoal:** Em geral, mulheres se relacionam melhor. São muito mais focadas que os homens na qualidade do relacionamento com as pessoas com as quais convivem e trabalham. Não se preocupam tanto com o status e a hierarquia, preocupam-se muito mais em conquistar autonomia para fazer a diferença. Mulheres exercitam melhor a empatia e o bom humor, e com isso conseguem transitar mais facilmente nos mais distintos ambientes e culturas.

2 **Profundidade e intensidade:** As mulheres não gostam de relações superficiais, mas buscam a profundidade em tudo o que fazem. Mergulham de corpo e alma naquilo que realizam. Mulheres são apaixonadas e apaixonantes — dedicam-se intensamente a seus ideais e cativam as pessoas ao seu redor para fazerem o mesmo.

3 **Humildade e senso de missão:** Mulheres se dedicam a fazer o que deve ser feito. Para uma mulher, qualquer que seja o cargo que ocupa, se algo precisa ser feito e ela dispõe de tempo, ela o fará, independentemente do status da tarefa. Enquanto um homem que ocupa um cargo importante de uma empresa reclama que sua sala está bagunçada, é muito mais provável que uma mulher, ocupando o mesmo cargo, arrume a sala em vez de reclamar. Mulheres dão o exemplo e fazem o que precisa ser feito, geralmente com maior humildade e disponibilidade que os homens. Mulhe-

res exercem a humildade com extrema eficiência, valorizam "o outro" e suas ideias. Pedem ajuda quando precisam e estão mais dispostas a aprender e a compartilhar o que sabem.

4 **Poder de comunicação e argumentação:** Os homens excluíram as mulheres por muito tempo das atividades políticas, acadêmicas, econômicas e religiosas, porque sabiam da dificuldade que teriam de vencê-las no confronto baseado em comunicação e argumentação.

5 **Observação e atenção aos detalhes:** A genialidade reside nos detalhes. As mulheres são incrivelmente observadoras e detalhistas. Olham o todo sem esquecer das partes. Não desconsideram nada, pensam nas diferentes possibilidades, mesmo as mais remotas. George Eliot (pseudônimo de Mary Ann Evans, uma das mais importantes novelistas britânicas do século XIX) dizia: *"A genialidade é antes de tudo a habilidade para aceitar a disciplina"*. As mulheres possuem, em geral, uma profunda habilidade para desenvolver disciplina.

6 **Capacidade de ouvir:** Mulheres prestam mais atenção, procurando escutar (ouvir atentamente) o que está sendo dito, inclusive nas entrelinhas. Valorizam o que os outros têm a dizer e sabem a importância de ouvir com atenção, pois não se sentiram escutadas por muito tempo em função do machismo.

7 **Organização, comprometimento e responsabilidade:** Mulheres vão além dos compromissos, elas se comprometem efetivamente e são muito responsáveis com o resultado de sua atuação. No trabalho, são extremamente pontuais e assíduas. Apresentam muita coerência em aceitar e propor desafios e cumprem prazos estabelecidos com precisão.

8 **Adaptação e flexibilidade:** Oprimida em muitos momentos da história, desempenhando múltiplos papéis e contornando a repressão machista, a mulher desenvolveu uma fantástica capacidade de adaptação e flexibilidade. Esse jogo de cintura é fundamental para vencer os desafios e as dificuldades com os quais toda pessoa empreendedora tem que lidar.

9 **Criatividade, inovação e senso de aperfeiçoamento contínuo:** O

princípio da Qualidade, segundo o qual "todo trabalho pode ser melhorado", é um princípio feminino por excelência. As mulheres não observam o mundo por observar, mas sim para aperfeiçoá-lo. Sua natureza criativa associada à busca por agregar valor favorece a inovação, característica fundamental do aspecto transformador do empreendedorismo.

A prática empreendedora feminina derrubou o antigo paradigma machista da imagem da mulher na sociedade, trazendo à tona o seu dinamismo e o caráter inovador e realizador como elementos fundamentais para a construção de um novo modelo de mundo, caracterizado pela redução da desigualdade de gênero e sua consequente erradicação, como consequência do êxito das mulheres na figura de empreendedoras e intraempreendedoras. Um antigo ditado popular propõe: Deus deu aos homens a inteligência e às mulheres, a astúcia, que é a capacidade de dominar a inteligência.

Expresso aqui minha homenagem pessoal às mulheres por tudo o que fizeram por todos nós desde sempre e por estarem à frente de uma profunda revolução em direção a um mundo melhor — nem machista nem feminista, mas HUMANISTA.

"Todos os raciocínios dos homens não valem um só sentimento das mulheres."

VOLTAIRE (1694-1778)
Filósofo iluminista francês.

"A verdadeira compaixão é mais do que atirar moedas a um mendigo; é perceber que um edifício que produz mendigos precisa ser reestruturado."

MARTIN LUTHER KING JR. (1929-1968)

Pastor protestante e ativista político que foi um dos maiores líderes na luta pelos direitos civis dos negros nos Estados Unidos.

O empreendedor social

Nelson Mandela disse em um de seus discursos: "As histórias de empreendedores sociais vão inspirar e encorajar muitas pessoas que procuram construir um mundo melhor". É preciso falar, conversar, debater e escrever muito sobre empreendedorismo, especialmente o empreendedorismo social, que já demonstrou possuir a capacidade de solucionar determinados problemas com mais eficácia e determinação que as instituições públicas e privadas.

Por essa razão, não poderíamos deixar de dedicar um capítulo deste livro aos empreendedores sociais, afinal tudo o que estudamos sobre o comportamento empreendedor se aplica a esse importantíssimo agente social. Como vimos, eles são caracterizados por um comportamento inovador que transforma a sociedade em que vivem. Nesse aspecto todos eles possuem um cunho, uma repercussão social e econômica em sua atuação.

Também vimos que para os empreendedores sociais o lucro torna-se lucro eminentemente social, ou seja, não estão preocupados a priori com o retorno financeiro, mas em transformar o mundo em que vivem em um lugar melhor, mais justo e mais solidário. Cabe ressaltar que seus projetos precisarão ser sustentáveis e, ainda que não tenham o lucro financeiro como finalidade, não poderão prescindir da correta administração dos recursos, inclusive em atividades que gerem recursos financeiros para viabilizarem seus projetos sociais.

Assim, todas as reflexões que fizemos sobre o comportamento empreendedor em negócios podem e devem servir de reflexão para as atividades de empreendedorismo social, sem exceção.

Este capítulo serve como alerta àqueles que, pensando em empreender no terceiro setor,* já tenham sofrido a ilusão de que as reflexões propostas sobre o empreendedorismo não se aplicassem a seus sonhos. Se existe uma época propícia para o empreendedorismo social, ela finalmente chegou!

As mudanças ocorridas no mundo nas últimas três décadas inauguraram um cenário único na história dos empreendedores sociais (que sempre existiram, porém em número mais reduzido). Se há 25 anos havia pouquíssimas ONGs (organizações não governamentais), hoje são milhões ao redor do mundo; só na Índia elas somam mais de 1 milhão.

Hoje em dia formandos das melhores universidades do mundo já saem da vida acadêmica com objetivos e projetos claros junto ao terceiro setor, fato impensável nas décadas anteriores...

O fato é que, embora empreendedores sociais sempre tenham existido — afinal, Francisco de Assis, Madre Teresa de Calcutá, Martin Luther King, Mahatma Gandhi, Chico Xavier, Irmã Dulce, entre outros, podem muito bem figurar nessa categoria —, temos agora indivíduos não necessariamente vinculados a escolas políticas e religiosas que perceberam que as entidades governamentais e a iniciativa privada não estão dando conta dos mais importantes problemas concernentes à vida e à felicidade, e começam a se unir em torno de necessidades, percepções, visões e sonhos compartilhados. Esse fenômeno ocorreu numa proporção tão fantástica, que os olhos do mundo estão focando ações esperançosas do terceiro setor ou setor cidadão, como é também denominado.

Essas pessoas anseiam intensamente transformar o mundo e são

---

* O terceiro setor é formado por associações e entidades sem fins lucrativos.

movidas por uma persistência e resiliência admiráveis que as fazem viver, com profundo comprometimento, um senso de urgência que as move segundo a segundo. São pessoas diferentes oriundas das mais variadas profissões e formações, unidas em uma cadeia multidisciplinar e interdisciplinar que possui em comum o caráter de inovação social e o empreendedorismo. Elas são incansáveis, obstinadas e não aceitam "não" como resposta definitiva, sabem que é possível e estão dispostas a lutar até o fim pela realização das transformações sociais a que se dispõem.

Assim como definia Peter Drucker (em referência a Schumpeter), essas pessoas (*entrepreneur*) tomam nas mãos a missão de realizar uma destruição criativa (termo também muito utilizado na pintura por Pablo Picasso) que modifique intensamente a maneira de agir da sociedade.

Grandes mudanças sociais dificilmente são conseguidas pelo trabalho de um único empreendedor social, mas, como já vimos, empreendedores cativam colaboradores para seus sonhos e deixam um legado que será defendido e aprimorado por novos empreendedores. Foi por meio desses mecanismos que o terceiro setor obteve o crescimento exponencial que citamos anteriormente. Por esse caminho, o que décadas atrás era um projeto individual de um empreendedor social visionário é hoje, na era das redes sociais, um projeto defendido por milhões deles.

Uma das melhores coisas que os demais agentes sociais podem fazer é associar-se a esses atores da inovação e transformação social, ajudando-os a gerar resultados que confiram sustentabilidade aos seus projetos, favorecendo a multiplicação e a eficácia dos empreendedores sociais.

Jessica T. Mathews, presidente do Carnegie Endowment for International Peace, declarou em seu artigo "Power Shift", na revista *Foreign Affairs* (janeiro/fevereiro de 1997): "Em um tempo de mudanças aceleradas, as ONGs são mais rápidas que os governos na resposta a novas necessidades e oportunidades; e são melhores que os governos ao lidarem com problemas que crescem lentamente e afetam a sociedade através de seu efeito cumulativo sobre os indivíduos".

O jornalista David Bornstein, em sua obra *Como mudar o mundo*, definiu muito bem: "No mundo inteiro, os empreendedores sociais estão demonstrando novas abordagens para muitos males sociais e novos modelos para gerar riqueza, promover o bem-estar social e restaurar o meio ambiente. O setor cidadão (terceiro setor) lidera o impulso para reformar o livre mercado e os sistemas políticos".

Principais características comportamentais encontradas em empreendedores sociais bem-sucedidos

1. Senso de urgência

As questões mais importantes a serem equacionadas e solucionadas no mundo são de tal magnitude que não podemos esperar que o poder constituído, frente a sua burocracia e a entraves de toda ordem, possa ter a agilidade necessária para agir imediatamente. Algo precisa ser feito AGORA! Esse é o mote dos empreendedores sociais que percebem nitidamente que apenas o fato consumado por iniciativas exitosas e reconhecidas pela sociedade gera a representatividade necessária para mobilizar tanto o setor público quanto o privado e criar as transformações sociais necessárias. A revolução que parte do indivíduo é a base da filosofia do empreendedor social. Saber que eu e você podemos fazer a diferença e começar a agir imediatamente movidos por esse senso de urgência caracteriza-nos como empreendedores sociais.

2. Senso de missão acima do ego

Empreendedores sociais costumam ser movidos por um ideal de extremo significado para suas vidas. Obter resultados relevantes para a causa é mais importante que prestígio ou qualquer outro benefício oriundo de seus esforços. Como em todos os seres humanos, a vaidade também está presente nos empreendedores sociais, porém, quando têm que escolher entre algo que satisfaça a vaidade (como ter razão em um debate, por exemplo) e algo que beneficie a causa, não pensam duas vezes e, frequentemente, abrem mão de recompensas e reconhecimento em benefício da causa!

3. Foco naquilo que se pode fazer e não nas "impossibilidades"

Para o empreendedor social, de forma ainda mais evidente que nos demais, impossibilidades são momentâneas e cedem à ação do trabalho persistente. Enquanto a maioria das pessoas fica paralisada diante do que não se pode ainda fazer, os empreendedores sociais se perguntam: O que podemos fazer partindo de onde estamos e com os recursos dos quais dispomos? Como superar os obstáculos que nos afastam de condições mais efetivas para atingir nossas metas?

Acostumados a demandas crescentes oriundas da causa social pela qual se dedicam e pela carência de recursos, apoios e patrocínios, esses empreendedores afrontam as impossibilidades com fé nas possibilidades de vencer e incansável determinação de seguir adiante, partindo do disponível "aqui e agora".

4. Atitude irrevogável de conceder os créditos a todos os envolvidos

Um bom empreendedor social percebe muito cedo que "sucesso é esporte de equipe" e como tal, se a causa é "nossa", todo e qualquer crédito também é. Nada se consegue sozinho, e ainda que uma das pessoas da equipe possa ter uma participação mais destacada nessa ou naquela ação, todos devem ser reconhecidos e um agradecimento especial deve ser endereçado a essa pessoa que agregou extremo valor particular a uma ocasião em especial. Não há limites para o que se pode conseguir quando a causa é mais importante que a vaidade do crédito unilateral. Assim, o avanço da causa deve ser mais importante que todo e qualquer desejo de reconhecimento por parte do líder, considerando também um profundo senso de justiça para com todos os liderados. Empreendimentos cujos créditos são sempre divididos e as pessoas são tratadas com profunda gratidão, independentemente do tamanho de sua contribuição, sempre atraem um maior número de colaboradores e mantêm os já existentes de maneira muito mais fiel e produtiva.

5. Consciência de que o confinamento a uma única área do conhecimento não convém à causa

O empreendedorismo é tanto mais poderoso quanto maior for a abertura interdisciplinar do empreendedor e de sua equipe. Multidisciplinaridade e interdisciplinaridade são elementos que trazem profundidade, abrangência e consistência aos projetos sociais. A possibilidade de criar novos compostos sociais, reunindo pessoas de diferentes formações, talentos e habilidades em uma configuração que a sociedade não costuma oferecer consiste em uma das grandes contribuições do modelo empreendedor. Na busca por soluções qualitativamente melhores, empreendedores sociais devem cruzar fronteiras, envolvendo o máximo de contribuições de áreas, disciplinas, experiências de vida etc. Empreendedores sociais criam canais de conexão entre pessoas e áreas da sociedade, permitindo gerar um modelo mais inteligente, dinâmico e completo de trabalho.

6. Autocrítica e autoaperfeiçoamento constantes

A interação entre empreendedor, causa e equipe é muito intensa. Esses três elementos precisam estar constantemente submetidos à crítica e autocrítica para que possamos aprimorar nossa visão da causa (que se aperfeiçoa quanto mais avançamos em sua realização), processos e pessoas, a começar da figura do próprio empreendedor líder.

Combinando obstinação, humildade, transparência e coragem, é possível reconhecer e corrigir o que não está funcionando bem e aprimorar nossas melhores práticas.

Empreendedores mais jovens costumam ser mais atentos à humildade, mas, à medida que colecionam diversos êxitos e se sentem mais experientes, ocorre, com muita frequência, um apego às velhas ideias e à sua maneira de fazer as coisas. Isso prejudica a causa e todo o entorno, não devemos confundir experiência (que sem dúvida cresce com o tempo) com inflexibilidade ao novo. Inovação é a tônica do empreendedorismo em todas as suas múltiplas manifestações. Estar em contato com as pessoas, com a equipe, amigos, outros empreendedores, críticos e público-alvo da ação social é fundamental para mantermos a conexão com a realidade e o espírito de autocrítica sempre presente.

7. Busca por autonomia

Muitos empreendedores sociais começam sua carreira junto a uma instituição pública ou privada, cujas regras ortodoxas e lentidão na tomada de decisão e execução costumam não combinar com seu ímpeto de realização e mudança. Embora essa fase seja de suma importância na aquisição de experiência, a maioria dos grandes empreendedores sociais acaba por abandonar essas instituições e forma suas próprias entidades, sejam instituições, ONGs etc. Embora assumam um risco maior e tenham, de início, dificuldades, frequentemente maiores (em especial no tocante a recursos), esses empreendedores fazem de sua liberdade, autonomia e flexibilidade fatores que rapidamente os conduzem a resultados superiores, participando de redes e formando parcerias inviáveis quando estavam atrelados a essa ou aquela cultura de gestão.

8. Disposição de trabalhar em silêncio

A atitude de não buscar reconhecimento pessoal, e sim o reconhecimento da causa, e o tempo investido na conscientização de pessoas passíveis de compreender a importância da proposta e apoiar a causa tornam o empreendedorismo social um trabalho solitário. Essa solidão, esse trabalhar em silêncio, muitas vezes se prolonga por bastante tempo, até que possamos ver os frutos mais objetivos do trabalho materializado. Até essa fase, tanto a obra quanto o empreendedor experimentam o anonimato. Não o anonimato de não ser uma celebridade, o anonimato de não contar com tanto apoio e reconhecimento sobre a importância social de seu trabalho.

Outra causa da solidão dos empreendedores sociais deriva do fato de que se atribui a toda pessoa que começa a mudar a sociedade à sua volta um poder político que modifica o status quo e incomoda outros atores da esfera política propriamente dita, que costumam ignorá-los no início e se aproximar deles depois que a obra tomou proporções de visibilidade incontestáveis (ou seja, aproximam-se por interesses eleitoreiros).

9. Orientação ética

A motivação do legítimo empreendedor social não é de ordem financeira ou egocêntrica: na melhor definição kantiana de ética, trata-se do "dever de fazer o bem". Enquanto um empreendedor de negócios sonha com que sua marca seja conhecida em todas as partes do mundo, um empreendedor social sonha com a erradicação da fome em todas as partes do mundo. Claro que este é visto muito mais como um louco afeito a utopias que o primeiro, mas é fato que essa disposição ética pode levá-lo a lugares a que a mera ambição material jamais o conduziria... Em algum momento de suas vidas, empreendedores sociais se deparam com um fato que os marca de tal maneira que decidem: Preciso fazer algo urgente sobre isso! Assumindo que podem fazer a diferença, lançam-se com um ímpeto indissolúvel a esse caminho às vezes árido, mas sempre dignificante e gratificante de assumir a responsabilidade sobre algo que transcende sua própria individualidade. Assim nascem os legítimos empreendedores sociais!

10. Voto indissolúvel de perseverança

Se os sonhos dos empreendedores costumam mudar, os dos empreendedores sociais só tendem a evoluir, tornando-se mais abrangentes. Eles são profundamente fiéis a suas crenças, valores e senso de missão. Para eles a perseverança é um sacerdócio, um voto indissolúvel frente a todas as circunstâncias. Não foram poucos os homens e mulheres que, literalmente, deram a vida por suas causas. Suas vidas estão intríseca e visceralmente ligadas a sua causa, são indissociáveis. Essa característica de alta nobreza de propósitos e resiliência absoluta só engrandece nosso respeito e admiração pela categoria de empreendedores sociais.

Como vimos, empreendedores sociais desenvolvem novos modelos de negócios (lembrando que etimologicamente a palavra *negócio* significa substituir o ócio ou o tempo improdutivo por ações produtivas) orientados para resolver os problemas do mundo, suas incoerências discriminatórias e impeditivas. São pessoas que em vez de aceitarem e se adaptarem ao status quo se dedicam a reinventar o sistema, encarando suas inconsistências e incoerências; veem oportunidades onde a maioria fica passivamente presa aos problemas que já se incorporaram ao cenário cotidiano.

Empreendedores sociais compreendem que os problemas não solucionados da sociedade precisam receber abordagens inovadoras para que possam vencer a inércia e serem resolvidos. É claro para eles que a construção de uma melhor versão do futuro é infinitamente mais importante que permanecer aprisionado às críticas sobre o passado. Esses empreendedores reconhecem cedo a necessidade de desenvolver modelos sustentáveis e inclusivos, uma vez que sem o apoio da sociedade as transformações caminham mais lentas e tornam-se menos efetivas. Não se importando se vão atingir suas metas na totalidade, trabalham para atingir o máximo possível, compreendendo a importância de todo e qualquer avanço que consigam implementar.

A entrevista com Madre Teresa de Calcutá

Após ouvir Madre Teresa de Calcutá em entrevista sobre suas obras assistenciais, uma repórter questionou:

— Madre, o que a senhora faz é lindíssimo, emociona mesmo a gente, mas a senhora não acha que, diante das mazelas do mundo, isso é apenas uma gota d'água no oceano?

Madre Teresa sorriu, como só as pessoas sábias e repletas de amor sabem sorrir, e respondeu:

— Acho não, minha filha! Tenho certeza! O que eu faço é só uma gota d'água no oceano, mas...

... o oceano seria menor sem esta gota!

Considero esta passagem na biografia de Madre Teresa altamente significativa para todos nós que desejamos contribuir com um mundo melhor por meio do exercício dessa maravilhosa competência do empreendedorismo. Deixemos as ideias de grandeza, egos e vaidades de lado e vamos lá fazer o que deve e pode ser feito. Como propunha Goethe:

"As coisas mais importantes nunca devem ficar à mercê das que menos importam."

Os empreendimentos dos empreendedores sociais, longe de serem meros paliativos, contêm o poder do exemplo, são contagiantes e têm a força de catalisar importantes transformações em direção à construção da melhor versão do futuro!

Na minha visão, teremos um mundo fantástico quando todo e qualquer empreendedor comercial estiver também envolvido de forma comprometida e eficaz em dar suporte, patrocínio, financiamento e apoio incondicional às causas do empreendedorismo social, tornando-se eles próprios empreendedores sociais. Essa é, na minha opinião, a verdadeira responsabilidade social e o caminho para a sustentabilidade.

O financiamento coletivo de causas sociais (Crowdfunding social)

Com o crescimento constante do número de usuários da internet no mundo e a imensa conexão das redes sociais, criou-se o ambiente para a formação de uma rede de apoiadores, que se identificam e solidarizam com uma causa. Individualmente, o custo do projeto seria inviável, mas diluído na rede torna-se possível. No Brasil a face mais conhecida do *crowdfunding* está associada à produção de shows, livros, CDs e DVDs, mas as propostas do *crowdfunding* social tornam-se gradativamente mais conhecidas e novos e interessantíssimos projetos nascem dia a dia.

Cabe notar que captar recursos via financiamento coletivo é tarefa árdua e precisa ser realizada com o máximo espírito empreendedor e profissionalismo. Para que seja efetiva, a rede de apoiadores necessita manter-se conectada e mobilizada para ações de curto, médio e longo prazos, uma vez que o esforço inicial para captar esses apoiadores é muito intenso e se perde se não for devidamente alimentado por um processo de comunicação muito bem estruturado em termos de conteúdo e plataforma digital. Quanto maior for a rede, mais representativa em termos de visibilidade, o que atrai também o investimento corporativo privado, ampliando enormemente a sua sustentabilidade.

A alternativa do *crowdfunding* para a viabilização de projetos sociais, artísticos, culturais e esportivos constitui um excelente canal de empreendedorismo que precisa ser mais trabalhado no Brasil.

Meu querido amigo Stephen Kanitz, muito antes do aparecimento consistente do *crowdfunding* social no Brasil, criou duas modalidades importantíssimas de empreendimentos sociais para auxiliar na captação de recursos para o terceiro setor:

a **o prêmio** Bem Eficiente, cuja cerimônia de entrega tive a honra de conduzir em diversas ocasiões. Nele, por meio de critérios de auditoria extremamente rígidos, eram premiadas as entidades que conseguiam maximizar o resultado de cada real nelas investido, sinalizando para a sociedade e iniciativa privada onde suas doações geravam maiores benefícios;

b **o portal** www.filantropia.org, que funciona como uma central de captação de doações para uma imensa variedade de projetos sociais de relevância.

Iniciativas como a do prof. Kanitz demonstram que o empreendedorismo social possui inúmeros canais, plataformas e modelos que podem ser utilizados para as mais diversas modalidades de captação de pessoas que simpatizam, se identificam e se solidarizam com as causas sociais.

"Aquele que tem um porquê para viver pode suportar quase tudo."
FRIEDRICH NIETZSCHE (1844-1900)
Filósofo alemão do século XIX.

"A qualidade de vida de uma pessoa é diretamente proporcional ao seu comprometimento com a excelência, independentemente da sua área de escolha."

VINCENT T. LOMBARDI (1913-1970)

O mais famoso treinador campeão de super bowl norte-americano.

Aja como dono!
O empreendedorismo corporativo

Intraempreendedores (conceito estabelecido pelo consultor americano Gifford Pinchot III na década de 1970 e mais amplamente divulgado na década de 1980) são pessoas que, em vez de darem origem a seu próprio negócio, empreendem como profissionais contratados dentro de empresas e projetos já existentes.

Pinchot apresenta a fundamental reflexão de que não é necessário abandonar o emprego em uma organização para tornar-se empreendedor. Sua reflexão e argumentos demonstram que um intraempreendedor assume o "sonho da organização", ou do projeto ao qual se vincula, como sendo seu, tomando a missão em suas mãos e tornando-se um fundamental agente de mudança e inovação dentro do empreendimento ao qual se dedica. Intraempreendedores agem como se fossem os próprios donos do negócio, com a mesma garra, dedicação e paixão pela causa.

Assim, empresas que se dedicam a criar mecanismos e favorecer um modelo mental e organizacional capaz de reconhecer e apoiar iniciativas de inovação e realização empreendedora dentro de si conquistam dois grandes benefícios:

a   aumentam a retenção de talentos que, na ausência de condições para expressar suas necessidades de criar, inovar e exercitar de maneira plena suas competências, deixariam a empresa rumo a concorrentes dispostos a oferecê-las ou em busca de empreendimentos-solo;

b   desenvolvem maior vantagem competitiva por meio da prática constante da inovação e excelência em execução, ambas características advindas do comportamento empreendedor.

Todos os atributos do comportamento empreendedor são válidos e plenamente aplicáveis aos intraempreendedores, bastando reconhecer as condições e a autonomia de que dispõem dentro de cada projeto e organização para fazer as coisas acontecerem.

A presença de intraempreendedores dentro de uma organização representa uma significativa mudança na cultura organizacional; coloca a empresa na vanguarda das melhores práticas de gestão na era pós-industrial.

Com o aumento exponencial da competitividade, as empresas descobriram que não podem mais concorrer apenas pela via dos produtos e serviços, pois a verdadeira competitividade se conquista por meio de um melhor modelo de negócios. O estabelecimento desse melhor modelo de negócios passa pela necessidade de inovação e sustentabilidade, o que implica estimular e incentivar iniciativas empreendedoras de seus colaboradores.

Nesse novo modelo competitivo, as empresas precisam gerar ideias inovadoras e possuir o potencial de mobilização e efetivação dessas novas ideias, por meio de talentos comprometidos a agregar valor de forma intensa e constante. Nesta nova era, as empresas não podem mais esperar por profissionais reativos que ficam aguardando suas determinações para agir, precisam de pessoas comprometidas, dotadas de iniciativa, proativas, automotivadas, autogerenciadas, com capacidade de liderança e multiexpertise, capazes de se antecipar a necessidades futuras, atentas a tendências e oportunidades que contribuam para aperfeiçoar o modelo de negócios.

Vivemos um momento em que o comportamento empreendedor passa a ser extremamente demandado pelas melhores empresas.

Assim, a figura do intraempreendedor como agente promotor de inovações se torna importante foco das políticas de atração e retenção de talentos.

O intraempreendedor empreende junto a projetos, departamentos e equipes, transformando oportunidades potenciais em resultados concretos.

Trata-se de um profissional diferenciado, dotado de competências essenciais para vencer os desafios atuais.

A velocidade das mudanças tecnológicas, a imprevisibilidade do cenário econômico e o aumento do nível de exigência dos mercados produziram um ambiente no qual a verdadeira estratégia competitiva se tornou a capacidade de gerar novas vantagens competitivas de forma sistemática e contínua. Na era do conhecimento, a capacidade permanente de aprender e empreender é essencial para o sucesso das organizações. Nessa sociedade do conhecimento, aprender significa uma prioridade máxima! Daí a necessidade de estimular uma postura inovadora por meio dos empreendedores internos.

O papel do empreendedor corporativo se torna imprescindível para assegurar o crescimento e a permanência da empresa no mercado. É um dos mais importantes fatores de competitividade das empresas de alta performance.

Claro que a figura dos intraempreendedores sempre existiu, uma vez que o intraempreendedorismo depende fundamentalmente do encontro entre uma cultura organizacional que valoriza a iniciativa e a inovação e o comportamento empreendedor de seus colaboradores. O que acontece é que hoje essa realidade assume proporções jamais vistas em períodos anteriores da nossa história.

Porém, muitas empresas têm dificuldade em trabalhar com intraempreendedores porque, uma vez que são movidos pela paixão, eles se mostram extremamente competitivos e não convivem bem com regras rígidas. Aqui reside o principal desafio das empresas em oferecer condições para o pleno aproveitamento desse potencial. Quanto mais rígidos, conservadores e hierarquizados forem a cultura e o modelo mental da organização, mais difícil será atrair, desenvolver e reter profissionais com este perfil.

Intraempreendedores procuram agir utilizando conhecimentos oriundos de múltiplas áreas, tais como marketing, finanças, negociação, vendas, gestão, dentre outras.

Essa característica permite uma verdadeira relação de parceria entre tais colaboradores e suas organizações. Dotados de iniciativa e autonomia para conduzirem ações de alto valor agregado, eles obtêm resultados qualitativamente superiores para a empresa.

Quando existe o espírito intraempreendedor, se não estamos alcançando as realizações que almejamos, das duas uma: ou estamos na organização errada, ou ainda não desenvolvemos a maneira mais inteligente, adequada e producente de agregar valor por meio de nossas propostas e ações; em ambos os casos a reflexão sobre nosso comportamento empreendedor é fundamental e permitirá encontrar os caminhos para o sucesso, seja migrando para outras organizações já despertas e voltadas a promover as ações intraempreendedoras, seja ampliando nossa competência de "vender" melhor nossas ideias internamente e negociar maiores níveis de autonomia.

Muitas vezes, não nos é oferecida a autonomia necessária para desenvolver um projeto com o qual estamos certos de poder contribuir. Nessas situações, um dos caminhos é assumir o risco de trabalhar na surdina, na "clandestinidade", ou seja, sem ferir nenhum preceito ético, "desobedecemos" a ordem de não nos preocuparmos com aquele projeto e vamos utilizando nosso tempo livre para elaborá-lo, desenvolvê-lo e, então, com a solução já madura, apresentá-la a quem tem poder de decisão. Como diante dos fatos não há argumentos, haverá maiores chances, se nosso trabalho for bom e inovador, de que o projeto seja implantado e nosso esforço reconhecido.

Claro que nem sempre isso acontece, porque todos sabemos haver nas empresas pessoas que têm medo da competência, se sentem ameaçadas por ela e farão todo o possível para ocultá-la dos que nos podem reconhecer e promover. Por isso, ser intraempreendedor muitas vezes requer a astúcia de saber quando, como e para quais pessoas apresentar, simultaneamente, nosso projeto a fim de evitar esse tipo de sabotagem.

Atualmente, frente ao cenário interno e internacional e uma maior maturidade empresarial, o Brasil (que é apontado como um dos países de maior potencial empreendedor do mundo) é também um celeiro de oportunidades para os intraempreendedores. E como propõe Alexandre Henrique de Araújo Souza (diretor-geral do Instituto Brasileiro de Intraempreendedorismo — IBIE) no prefácio do livro *Intraempreendedorismo na prática*, da editora Campus Elsevier:

> Este pode ser o ponto de partida para três grandes mudanças, mesmo que lentas e graduais: uma transformação individual através da reavaliação e substituição de **velhos padrões comportamentais**, a redefinição das características básicas (e reconstrução) do ambiente corporativo ao qual almejamos pertencer; e, como consequência, o início de um movimento mais abrangente de transformações das relações funcionário-empresa em nosso país, com o despertar por parte daqueles que exercem cargos de chefia e liderança, de que a sobrevivência (e desempenho!) de seus negócios, hoje, já depende, e tende a estar cada vez mais intrinsecamente relacionada — ao grau de comprometimento, satisfação e capacidade de inovação de seus funcionários.

A paixão por inovar e fazer acontecer, quando cria espaço para atuar, redefine o mundo à sua volta!

As atitudes empreendedoras

*"Na arena da vida humana, as honras
e recompensas recaem sobre aqueles
que demonstram suas melhores
qualidades por meio de atitudes."*
ARISTÓTELES (384 a.c.-322 a.c.)
*Filósofo e matemático grego
que foi aluno de Platão.*

Há milhões de empresários, mas nem todos são empreendedores. E há milhões de empreendedores que não são empresários.

Há empresários que não originaram os seus negócios; compraram uma empresa já estabelecida ou a herdaram de seus pais. Além disso, o simples fato de serem proprietários de um negócio não os torna empreendedores. Suas atitudes à frente desse negócio é que determinarão se eles serão, de fato, empreendedores.

Como veremos mais à frente, há também empreendedores que não originaram nem herdaram seu negócio; disponibilizam seu potencial como talentos contratados em uma empresa de terceiros — são os intraempreendedores.

Além deles, há milhares de pessoas empreendendo, como estudantes, voluntários em causas sociais, donas de casa, enfim, pessoas que, muitas vezes, nem sequer cogitaram abrir um negócio.

O que caracteriza uma pessoa como empreendedora ou intraempreendedora é, fundamentalmente, o seu comportamento.

O comportamento empreendedor se caracteriza por atitudes como as que veremos a seguir: as Atitudes Empreendedoras.

"Todos os homens sonham, mas não da mesma forma. Aqueles que sonham durante a noite, nos recessos empoeirados de suas mentes acordam no dia seguinte para descobrir que era tudo vaidade: mas os que sonham durante o dia são 'homens perigosos', pois eles podem agir sobre o seu sonho com os olhos abertos para torná-lo possível."

T. E. LAWRENCE (1888-1935)

Escritor e líder militar inglês.

1ª ATITUDE EMPREENDEDORA

Mantenha os olhos bem abertos!

Uma das principais características de um empreendedor é estar atento. Como dizem os escoteiros: "Sempre alerta!".

Mantenha-se alerta sobre suas forças, mantenha os olhos bem abertos para aquilo que está acontecendo no mundo. Você precisa identificar uma maneira de promover o encontro entre suas forças e as aspirações e demandas do mercado e da sociedade.

Visão é a capacidade de enxergar claramente aspectos da realidade que escapam às outras pessoas. É a capacidade de olhar o mundo ao nosso redor com os "olhos da oportunidade", associando o que os outros não associam, estabelecendo novos links e conexões.

A identificação de tendências e lacunas é fundamental para o êxito do empreendedor, pois sinaliza oportunidades emergentes e novos cenários.

O mundo deseja algo que você pode oferecer. Cabe a você aprender o quê e como oferecer, de uma maneira que o mercado e a sociedade entendam que a sua oferta contém muito valor.

Valor é o melhor "produto" do mundo!

Por isso, não "venda" seus sonhos, "venda" seu projeto de transformação.

As pessoas e os mercados compram valor. Você pode ter o maior talento do mundo ou o melhor produto do mundo, mas, se não souber mostrar isso ao mercado no momento certo e da forma certa, alguém menos qualificado ficará com a sua oportunidade. **Entenda oportunidade como uma maneira de oferecer a coisa certa, do modo certo, no momento certo!**

Na ausência de observação e iniciativa, a oportunidade é apenas potencial. Identifique interesses, carências, desejos e aspirações do mercado; olhe para as suas forças, seus produtos e serviços e responda a estas perguntas:

1 Por que este mercado deveria se importar comigo? Por que ouviriam a minha proposta? O que de verdade eu tenho para oferecer que me diferencia dos outros?
2 Como mostrar a esse mercado que eu tenho muito valor para oferecer e que esse valor está em perfeito sincronismo com suas necessidades?
3 Qual é a maneira mais impactante e cativante de apresentar meus sonhos, projetos e plano de negócios aos que podem me ajudar?
4 O que devo fazer, imediatamente, para apropriar-me dessa oportunidade e transformá-la em resultado?

Essas são as mesmas perguntas que você deve fazer antes de procurar estabelecer contato com instituições de microcrédito e com investidores anjo. Investidores anjo são empreendedores e empresários com mais experiência e disposição de investir capital em negócios/projetos nos quais acreditam, possibilitando a viabilização e/ ou expansão de uma proposta empreendedora.

Da mesma forma, repita essas perguntas antes de pleitear o apoio de aceleradoras de negócios, empresas dedicadas a apoiar startups (empresas nascentes), cujos empreendimentos bateram em um teto de faturamento e não conseguem mais crescer. Essas empresas tornam-se "sócias" do seu negócio, oferecendo know-how para inovação, consultoria, tecnologia, network e diversas novas ferramentas para o seu crescimento.

Se você não fizer as perguntas, jamais obterá as respostas...

*"Devíamos ser ensinados a não esperar pela
inspiração para começar qualquer coisa.
Ação sempre gera inspiração.
Inspiração, raramente, gera ação..."*
FRANK TIBOLT (1897-1989)
Escritor inglês.

2ª ATITUDE EMPREENDEDORA

Comece!

Não espere pelas condições ideais para começar o seu empreendimento. Condições ideais quase nunca existem e, nos casos raros em que aparecem, duram pouco. Se você ficar adiando indefinidamente seus projetos, pode perder as particularidades favoráveis do momento presente. Lembre-se de que não basta ter a ideia antes que os demais, você precisa executá-la primeiro se quiser ser pioneiro.

Muitas pessoas ficam iradas quando veem que alguém colocou em prática uma ideia que elas tiveram primeiro. Uma dessas pessoas me disse um dia:

— Isso que meu concorrente está fazendo eu já tinha pensado dez anos atrás!

Ora, do ponto de vista da geração de ideias essa pessoa estava dez anos à frente, mas do ponto de vista da realização está dez anos atrasada.

Não adianta ter ideias fantásticas guardadas na gaveta ou na imaginação. Empreendedores fazem acontecer. Comece agora a se movimentar para que o projeto aconteça. Mas atenção: você não deve adiar, nem precipitar. A precipitação é tão, ou mais, perigosa quanto o adiamento.

Nada garante o sucesso, mas algumas coisas asseguram o fracasso; entre elas, a afobação. Quando eu digo "comece agora a mover-se", isso não significa saltar etapas de maneira precipitada; significa não ficar parado esperando as condições ideais.

Nós nos precipitamos sempre que agimos sem as informações e o conhecimento mínimo necessário, movidos apenas por nossas emoções, sem a poderosa ajuda da razão e do bom senso.

Começar agora não é jogar tudo para o alto e mergulhar de cabeça, embora esse caminho funcione sob certas circunstâncias muito favoráveis, para um número percentualmente muito pequeno de pessoas. Não devemos tomar as exceções como parâmetro. O fato de que algumas pessoas tenham jogado tudo para o alto movidas por uma emoção e tenham conseguido sucesso, não serve de exemplo. De igual maneira, há uma quantidade muito maior de pessoas que abriram mão e ficaram sem nada.

Você não pode ficar congelado pelo medo, mas também não deve se queimar na chama da precipitação. Começar agora significa buscar informação de qualidade, conhecimento relevante e usar a razão para definir o que vai de fato fazer.

Compreenda que seu sucesso depende mais da sua capacidade de realização que da beleza dos seus sonhos. Não adie o sonho, realize-o! Mas faça-o de maneira inteligente, consciente.

Comece agora, mas não faça tudo de uma vez, a não ser que esteja absolutamente convicto e bem informado sobre a qualidade do caminho.

Não fique esperando pelas condições ideais: mexa-se! Enquanto você se mexe, novas e melhores condições podem surgir.

Uma pessoa extremamente preparada diante de condições não ideais conseguirá sempre melhores resultados que as despreparadas. Já uma pessoa despreparada diante das condições ideais dificilmente encontrará maneiras de aproveitá-las.

Como dizia Isaac Newton: **"As chances favorecem a mente preparada"**.

"Bons planos moldam boas decisões. É por isso que um bom planejamento ajuda sonhos indescritíveis a se tornarem realidade."

LESTER R. BITTEL (1918-)

Professor e autor norte-americano.

3ª ATITUDE EMPREENDEDORA

Planeje para vencer!

Você embarcaria em um avião que não tivesse sido detalhadamente planejado e construído? Claro que não! Você não arriscaria sua vida, não é?

Por que então você arriscaria a sua vida e tudo o que já conquistou em um novo empreendimento sem planejar primeiro?

Não planejar é favorecer o fracasso!

Muitas pessoas desconsideram a importância do planejamento alegando que o futuro é incerto. Para que planejar se tudo vai mudar?

Justamente porque o futuro é incerto precisamos planejar. Não planejamos para prever o futuro; planejamos para construí-lo e estarmos preparados para os diferentes cenários que possam ocorrer.

O planejamento nos ajuda a vencer os desafios da tomada de decisão, pois fazer uma escolha implica abandonar outras. Ao estabelecermos critérios lúcidos sobre a construção do futuro, conseguimos visualizar com maior clareza quais são as melhores escolhas. O planejamento reduz, sensivelmente, as possibilidades de erro e nos conduz por caminhos melhores.

Quando planejamos, os detalhes ficam cada vez mais claros e passamos a perceber muitas coisas que não havíamos percebido antes. O planejamento amplia nossos horizontes e abre o caminho para o sucesso. As três perguntas básicas para iniciar um planejamento são:

1 Onde estamos e quais recursos possuímos?
2 Aonde pretendemos chegar?
3 Como saímos de onde estamos e utilizamos nossos recursos para chegar lá?

Dwight D. Eisenhower (1890-1969), o 34º presidente dos Estados Unidos (no período 1953-1961), declarou: "Preparando-me para as batalhas, eu sempre descobri que os planos são inúteis, mas planejar é fundamental".

Essa citação de Eisenhower deixa bem claro que nós não planejamos para adivinhar ou prever o futuro. Na maioria das vezes, vamos encontrar um futuro bastante diferente do que esperávamos, mas ao planejar estamos ensaiando o futuro e descobrindo novas maneiras de lidar com muitas das múltiplas dificuldades que ele poderá apresentar.

A função do planejamento não é o plano, mas o exercício de pensarmos continuamente em novas soluções para cada realidade percebida. Planejar é fundamental. À medida que planejamos, começamos a construir o futuro desejado.

O plano de negócios é o melhor instrumento para traçar um panorama do mercado, dos produtos ou serviços e das próprias ações do empreendedor. Com um plano de negócios, o empreendedor terá sempre mais segurança para alcançar o êxito.

Considere que o plano é um guia, não a realidade; ele quase nunca será seguido à risca. Durante a execução do seu plano de negócios, muitas variáveis irão se alterar e você terá que rever e modificar diversas ações previstas anteriormente. Mantenha-se atento e flexível frente a essa realidade: sua meta verdadeira é o sucesso do empreendimento e não a mera realização do plano...

O importante é o resultado, o caminho pode e deve ser alterado sempre que necessário — a questão é **atingir o objetivo**, e não realizar o plano.

Business Plan — O fundamental plano de negócios

Um bom *business plan* favorece a correta tomada de decisões, permitindo que os sonhos se tornem realidade por meio de um caminho coerente e lúcido.

Para tomar boas decisões, precisamos de informação de qualidade. Esse é o único elemento que pode reduzir as incertezas de todo e qualquer empreendimento.

Mas somente a informação não conduz ao sucesso na vida e nos negócios. É preciso transformá-la em conhecimento, associando-a de maneira organizada ao conjunto de outras informações e conhecimentos que já possuímos e colocá-la em prática para gerar valor. Conhecimento é informação elaborada e utilizável.

O plano de negócios não elimina as incertezas, mas as reduz ao nível em que é possível assumir conscientemente o risco inerente ao desafio. Por meio do planejamento conseguimos prever várias soluções para problemas que efetivamente enfrentaremos.

Busque e utilize informações de qualidade e adquira conhecimento relevante complementar ao seu conhecimento tácito (aquele que você adquire por meio da vivência e da experiência), para reduzir ao máximo as incertezas, ampliando suas chances de sucesso.

Lembre-se de que esse planejamento deverá ser feito mesmo que você seja um empreendedor social (nesse caso, o plano contempla suas metas sociais) ou um intraempreendedor (nesse caso, o plano de negócios contempla os projetos em que você está inserido).

O plano de negócios não é um mero documento, um *print* das suas reflexões, propostas e estratégias. Ele é um instrumento vivo que deve possuir a virtude de convencer investidores, instituições de crédito e investidores anjo, orientando todos os envolvidos sobre viabilidade e oportunidade oferecida pelo negócio. O verdadeiro plano de negócios não é o documento, é a atitude de criá-lo e implementá-lo.

Durante a elaboração do seu plano de negócios busque saber mais sobre:

- **O seu negócio**

  Qual é efetivamente o seu negócio? Defina-o em uma frase e lembre-se de que o produto ou o serviço não são o negócio. As pessoas tendem a tomar o que fazem como sendo o seu negócio — isso é um equívoco. A definição de negócio é muito mais ampla. Para entender exatamente qual é o seu negócio, você precisa entender qual é o conceito que lhe dá origem — é o conceito que irá defini-lo. Por exemplo, vender comida congelada e vender fast-food constituem negócios diferentes, porque o conceito que sustenta a venda de comida congelada é diferente do conceito de comercializar fast-food. Para compreender qual é o seu negócio, você tem que responder à seguinte pergunta: Qual é o principal benefício que o cliente espera da sua empresa? O conceito que sustenta o seu negócio é expresso na missão da sua empresa. Avaliar corretamente o conceito que define o negócio é o primeiro passo para certificar-se do potencial, viabilidade e sustentabilidade da sua empresa.

- **O ramo de atividade e os produtos e serviços já existentes no mercado**

  Visualize oportunidades para oferecer novos produtos e serviços que satisfaçam necessidades ainda não plenamente atendidas pelos já existentes. Procure saber também que tipo de instalações e locais são mais adequados para esse ramo de atividade (não subestime o ponto — centenas e centenas de empresas falham por esquecer da importância da localização). Cada ramo de atividade contempla múltiplas possibilidades de atuação. Se você está no ramo de calçados, por exemplo, pode optar por calçados sociais, femininos, masculinos, infantis, esportivos, ortopédicos, para diabéticos etc. Cada uma dessas categorias é um nicho específico dentro do segmento e representa tipos diferentes de negócio.

- **O mercado consumidor**

  Quem são seus potenciais clientes? Qual o estilo de vida deles?

Quais os principais hábitos de compra? Qual a faixa etária? Quanto ganham? Onde vivem? Como se comportam enquanto consumidores? Qual a demanda que esse mercado pode manifestar para o seu produto ou serviço?

- **Seus fornecedores**
Quem serão os seus principais fornecedores de equipamentos, produtos e serviços? Quais suas características? Que produtos e serviços oferecem? Qual a política de preços e vendas que praticam? Como funciona a logística de entrega? Que relação possuem com seus concorrentes? Quais seriam os possíveis fornecedores alternativos? E assim por diante.

- **Concorrentes**
Quantos são e quais são os seus concorrentes? Que produtos e serviços eles oferecem? Quais os diferenciais competitivos por eles utilizados? Quais os pontos fortes e fracos apresentados por eles? Onde estão as principais dificuldades e oportunidades em concorrer com eles? Com que os clientes da concorrência estão satisfeitos ou insatisfeitos? Qual é o grau de saturação do segmento com relação ao potencial de demanda do mercado (o quanto esse mercado está bem, mal ou excessivamente atendido)?

- **Marketing e comunicação**
Como estabelecer os diferenciais competitivos? Como fazer para que o valor de nossos produtos e serviços seja amplamente percebido por nossos clientes? Que estratégias de marketing e comunicação devem ser utilizadas? Quais produtos e serviços devem ser produzidos e ofertados? Em que quantidade e com que estratégia de preço? Qual o melhor canal de venda para atingir os compradores desse mercado? Quais características do ponto de venda devem ser consideradas?

- **Know-how técnico/operacional**
Quem possui o know-how necessário para o êxito operacional

nesse segmento? O know-how é nosso ou de terceiros? Quanto de expertise (capacitação específica), pertinência e experiência os sócios ou gestores possuem para o segmento? Quantas pessoas e que estrutura são necessárias para iniciar o negócio? Existe mão de obra pronta para ser contratada ou demandará treinamento específico? Por quanto tempo?

- **Análise financeira**
  Quais os recursos financeiros necessários para iniciar o negócio? Quais os recursos necessários para manter o fluxo de caixa pelo tempo suficiente até o retorno do investimento inicial (considerando que a empresa precisará sanar todas as suas obrigações até que o caixa gerado com o próprio negócio e os lucros se tornem suficientes para a continuidade do empreendimento)? De onde virão os recursos (próprios, financiamentos)? Qual é o ponto de equilíbrio — ou seja, o volume de negócios necessário para que as receitas se igualem às despesas, ponto a partir do qual começa a existir lucro? Qual a taxa de retorno sobre o investimento — quanto tempo será necessário para recuperar o capital investido?

Estabeleça metas atingíveis, mensuráveis e com prazos determinados para início e conclusão de cada fase do seu plano de negócios. Lembre-se: tudo o que você não pode medir não pode aperfeiçoar. E as coisas que não possuem data para acontecer acabam não acontecendo nunca!

O plano de negócios nos permite encontrar os caminhos que viabilizam nosso empreendimento ou projeto, distinguindo-nos dos nossos concorrentes. Na ausência de competidores, não precisaríamos de estratégia, mas em um mundo tão competitivo, somente com um plano de negócios muito bem estruturado poderemos encontrar a estratégia ideal para estabelecer e manter uma vantagem competitiva sustentável frente a nossos concorrentes.

É fundamental estar 100% ligado a tudo o que é pertinente à área de atuação e ao plano de negócios. Durante a execução do plano, mantenha-se atento a novas oportunidades que surgirão à medida que aumentam o volume de informações e conhecimento sobre sua área de atuação. Leia o máximo sobre o tema, frequente cursos, palestras e seminários, visite feiras e rodadas de negócios, esteja atento a novas tendências e processos, converse com outros empreendedores, estabeleça network. Essas são práticas fundamentais ao exercício do empreendedorismo.

Essas são somente algumas reflexões que devem ser consideradas ao montar um plano de negócios, mas não eliminam a necessidade de estudar mais a fundo a metodologia para elaboração do plano e contar com a ajuda especializada na sua execução. Empreendedores individuais, micro, pequenas e médias empresas terão sempre, na figura do Sebrae, um fantástico parceiro disponível para fornecer orientação qualificada.

Quem não planeja para vencer está inconscientemente planejando fracassar... Não permita que isso aconteça com você!

"Se você pode sonhar, pode realizar!"
WALT DISNEY (1901-66)
Artista, cineasta, empreendedor
e filantropo norte-americano.

4ª ATITUDE EMPREENDEDORA

Acredite no seu sonho!

Disseram à Fedex (Federal Express) que ela jamais conseguiria fazer entregas internacionais em menos de 48 horas.

Disseram à Amazon.com que ela jamais teria grande sucesso no varejo on-line.

Disseram à Melitta que ninguém trocaria coadores de pano por descartáveis.

Disseram à Gerdau que não fazia sentido gravar sua marca em lingotes que ficariam escondidos depois da construção.

Disseram à Alpargatas que reposicionar as sandálias Havaianas no mercado internacional de moda era total loucura.

Mas os intraempreendedores por trás desses projetos estavam seguros de suas convicções, não deram ouvidos às profecias dos derrotistas e venceram!

Os pessimistas de plantão, com sua percepção negativa sobre as possibilidades, nunca ousam e, portanto, nunca saem de onde estão. Além disso, tentam influenciar os outros a também não sair.

A turma do "isso não vai dar certo" costuma ser a mesma do "não tenho coragem de tentar".

Saiba que quanto mais original e genial for a sua ideia, maior será o número de opositores e descrentes que você encontrará pelo caminho.

Não ouça as profecias dos derrotistas.

"Todas as adversidades, oposições e influências depressivas podem ser superadas. Não meramente lutando contra elas, mas elevando-se acima delas!"

Adaptado pelo autor com base em

CHARLES CALEB COLTON (1780-1832)

Clérigo e escritor inglês.

5ª ATITUDE EMPREENDEDORA

Siga em frente, iniciativa é só o começo...

A iniciativa é apenas o primeiro passo. Agir de maneira proativa assumindo a responsabilidade para que as coisas certas ocorram no tempo certo é fundamental, mas não garante sozinha o êxito do seu empreendimento.

Iniciativa sem comprometimento significa tempo perdido, e tempo perdido é sinônimo de sonho não realizado. Comprometimento é muito diferente de compromisso. Enquanto o compromisso é uma obrigação, o comprometimento é uma paixão ardente e produtiva, um estado de espírito e comportamento que se mantém, sejam quais forem as circunstâncias.

Muitos dos nossos projetos não se materializam por absoluta falta de disciplina e perseverança.

Não nascemos disciplinados — disciplinamo-nos ao longo do tempo. A disciplina é uma conquista que necessita da aquisição de novos hábitos e do abandono de antigos. No entanto, quando começamos a introduzir novos hábitos, os antigos irão defender firmemente a sua existência, tentarão resistir!

Se não vencermos a resistência imposta pelos nossos velhos padrões, não poderemos alcançar a disciplina.

Precisamos nos dedicar, em todas as fases necessárias, ao sucesso do projeto. Não convém sermos imediatistas. Precisamos manter nossos esforços por tempo suficiente para colher os resultados. Isso é perseverança, a disposição irrevogável de seguir em frente.

Não adianta agir como aquele jardineiro que planta uma semente na terra e, de cinco em cinco minutos, cava para verificar se está nascendo. A única coisa que ele vai conseguir é matar a semente...

Disciplina e perseverança são fundamentais para alcançar seus objetivos! A vida premia todo esforço disciplinado.

"Os dias são iguais para um relógio,
mas não para um homem."
MARCEL PROUST (1871-1922)
Escritor francês.

6ª ATITUDE EMPREENDEDORA

Não corra riscos, assuma os riscos!

Só os amadores correm riscos. Profissionais assumem riscos.

Não confunda ousadia e capacidade de assumir riscos com imaturidade, precipitação e coragem patológica.

É comum as pessoas dizerem que os empreendedores têm que correr riscos. Elas estão enganadas!

Correr riscos é coisa de amadores. Empreendedores devem buscar agir da maneira mais profissional possível. Correr riscos significa agir sem ter as informações necessárias para a tomada de decisão e sem o planejamento necessário para colocar em prática as atitudes que tornarão seu planejamento um sucesso.

Empreendedores conscientes não correm riscos, assumem riscos!

Assumir riscos significa conhecer o tamanho deles e considerar o seu fôlego para enfrentá-los. É uma atitude inteligente baseada na razão e no conhecimento. Assumir riscos é enfrentá-los da maneira mais calculada possível.

Claro que isso não significa que, ao calcular os riscos, você saiba absolutamente tudo sobre eles. A vida é dinâmica e muitas coisas

100

podem acontecer, ampliando as consequências de um risco, mesmo quando calculado.

Assumir riscos calculados pressupõe que você analise pelo menos dois cenários: aquele que você espera que aconteça e o pior que pode acontecer.

Esteja preparado para enfrentar qualquer um dos dois cenários, contando também com planos alternativos tanto para o caso de as coisas irem melhor do que você esperava (fazendo com que você precise crescer mais rápido do que imaginava), quanto para o caso de as coisas irem pior do que você esperava (obrigando-o a mudar de estratégia e utilizando os recursos de que dispõe para salvar a sua capacidade de começar de novo este ou outro projeto).

Aquele que subestima o risco superestima a margem de erro!

*"Às vezes, quando você inova, comete
erros. É melhor admiti-los rapidamente,
e seguir aprimorando sua inovação."*
STEVE JOBS (1955-2011)
*Empreendedor e empresário norte-americano cofundador
da Apple, redefiniu o mercado de informática.*

7ª ATITUDE EMPREENDEDORA

Inove, transforme, reinvente, tente diferente!

Criatividade e inovação são coisas diferentes. Criatividade é uma característica humana. Inovação é o fruto da competência de aplicar a criatividade para gerar valor. Enquanto a criatividade pode ser um fim em si mesma, a inovação é um meio de ampliar o valor.

A criatividade imagina as coisas de uma nova maneira, a inovação faz coisas novas que agregam valor à vida e aos negócios.

Como dizia Peter Drucker:

1 "A inovação depende, ao mesmo tempo, de concepção e percepção. A inovação produtiva e sistemática começa com a análise das oportunidades."

2 "Uma inovação, para ser eficaz, precisa ser simples e focada. Deve fazer apenas uma coisa, senão confunde. Se não for simples, não dará certo."

Nos negócios, as recompensas vêm sempre para os empreendedores que materializam uma ideia, transformando-a em produtos e serviços. Não são os gênios que enriquecem, mas os realizadores.

Não basta ser criativo, é preciso utilizar a criatividade de maneira empreendedora, inovando, simplificando e agregando valor.

Empreendedores transformam o universo ao seu redor. Só a inovação realiza o lucro e revitaliza o negócio. INOVE. Olhe com olhos de oportunidade para tudo o que os demais apontam como problema e materialize suas ideias e soluções. O mundo agradece, o mercado agradece...

Observe que uma das maiores dificuldades em inovar é o apego ao passado. É preciso "abandonar" o passado para caminhar em direção ao futuro. Se você não "desistir" daquilo que já tem, não poderá conquistar aquilo que poderá ter. Quem se contenta em ser bom jamais chega a ser ótimo. O bom é inimigo do ótimo. Para ser ótimo você precisa desistir de ser apenas bom.

Muitas pessoas não inovam porque se apaixonam por suas obras. Elas se apegam tanto à receita que as trouxe ao sucesso atual, que se esquecem de que, com os mesmos ingredientes ou agregando outros, podem fazer novas e melhores receitas.

Nenhuma receita de sucesso é definitiva. O sucesso do passado não garante o sucesso no futuro.

Outra dificuldade em inovar está ligada ao receio de perdermos a essência, nosso DNA. Não queremos abrir mão daquela identidade que nos caracterizou nas conquistas anteriores.

Não se preocupe. Quando inovamos conscientemente, não perdemos nosso DNA, nossa essência, mas fazemos um upgrade. Nós a transformamos em algo maior, com possibilidades superiores.

Inovar significa trazer o novo à tona. Não significa necessariamente abandonar por completo tudo o que você já fez ou está fazendo. A inovação não existe apenas em sua fase radical e de ruptura. Inovar é estar aberto a novas possibilidades que agreguem mais valor ao que você já faz. Inovar, muitas vezes, é unir o novo ao antigo e criar algo diferente partindo da interação dessas duas realidades.

A ausência de inovação enferruja as potencialidades do negócio e congela suas possibilidades de crescimento. Vale lembrar que, quando pensamos em inovação, não estamos apenas pensando em inovação tecnológica para produtos e serviços, estamos pensando em:

- inovação nas maneiras de atrair, reter e fidelizar clientes;

- inovação nos canais de venda e comunicação;
- incrementos de qualidade e redução de custos;
- novos métodos de maior sustentabilidade;
- inovação do modelo mental da organização;
- inovação dos sistemas e das estruturas organizacionais;
- inovação na participação de colaboradores e *stakeholders* (todos os envolvidos e interessados no resultado do projeto/negócio);
- inovação tecnológica;
- inovação em serviços;
- inovação em produtos;
- inovação em distribuição e logística;
- inovação tecnológica;
- inovação do modelo de negócios;
- outras inovações que permitam contribuir para um mundo melhor, com clientes e cidadãos mais satisfeitos.

A inovação, fruto do conhecimento, é o verdadeiro diferencial competitivo. Claro que, sempre que você fizer sucesso, os outros irão copiá-lo. Não se preocupe, inove mesmo assim!

Seus concorrentes só podem copiar o seu passado, ninguém pode copiar o seu futuro. Enquanto eles perdem tempo copiando o passado, você deve investir firmemente em construir o porvir. Ao copiá-lo, a concorrência descobrirá duas coisas: que está sempre atrasada e o valor que você possui.

Quem o copia depende do seu sucesso, não tem vida própria, vive a vida dos parasitas que se alimentam do "sangue da vítima". Não perca tempo em se lamentar, siga adiante; se o estão copiando, é porque você é o líder, é o melhor!

Peter Drucker dizia que a inovação é a ferramenta mais característica do empreendedorismo... é a atitude que fornece aos recursos uma nova capacidade de criar riqueza.

Os inovadores constroem um novo mundo, enquanto os outros apenas sonham com um mundo melhor!

"Muitas pessoas têm excelentes ideias, mas poucas decidem fazer algo sobre elas agora. Não amanhã. Não na próxima semana. Mas hoje, agora!"

NOLAN BUSHNELL (1943-)

Empreendedor e empresário norte-americano cofundador da Atari.

8ª ATITUDE EMPREENDEDORA

Alie-se! Associe grandes ideias à capacidade de realização

Como já vimos, empreender não é um ato solitário e, portanto, sucesso é esporte de equipe. Nem todas as pessoas associam, em si, visão e capacidade de realização. Isso significa que você encontrará muitas pessoas com grandes ideias e bastante visão, mas com dificuldade de realização. Elas são importantes para a sua equipe. Podem não ser grandes realizadoras, mas têm ideias fantásticas e aperfeiçoam as ideias originais, trazendo novos questionamentos e possibilidades.

Por outro lado, você encontrará muitas pessoas que não têm grandes ideias, mas executam as dos outros como ninguém. Esse tipo de indivíduo é igualmente importante para a sua equipe. São realizadores, que "compram" a sua ideia, vestem a camisa, e fazem as coisas acontecerem.

Um empreendedor precisará montar uma equipe empreendedora. Nessa equipe, nem todos precisam ter boas ideias e boa capacidade de realização simultaneamente. O importante é que, juntos, formem uma equipe empreendedora. Juntos, suas competências se somam e eles se tornam mais fortes!

O mesmo raciocínio vale para o empreendedor, embora encontremos com frequência a figura do empreendedor associado à imagem de um indivíduo que possui ideias e capacidade de realização. Esse é o caso clássico de empreendedorismo, mas nem por isso o modelo precisa ser sempre assim.

Vamos encontrar casos em que duas pessoas isoladamente não pertenceriam à definição clássica de perfil empreendedor, mas juntas formam uma parceria empreendedora ou uma sociedade empreendedora. Nesse caso, um dos sócios entra mais com a visão e outro mais com a capacidade de realização. Os atributos do empreendedor não precisam estar presentes em um único indivíduo, mas na equipe como um todo. Veja o interessante caso da parceria entre Steve Jobs e Steve Wozniak na criação da Apple (que nasceu em uma garagem). O primeiro possuía muita visão comercial e de design e grande capacidade de execução comercial, o segundo possuía excelente visão e capacidade de execução tecnológica, mas não tinha perfil para marketing e vendas. A eles se somaram outras pessoas cuja visão e capacidade de execução se completavam, e este foi um grande diferencial para que a Apple atingisse seu privilegiado lugar no mercado.

Mesmo no caso clássico, em que destacamos um empreendedor principal, ainda é fundamental que ele se cerque de pessoas com visão e capacidade empreendedora. Algumas terão ambas as características, outras serão fortes em uma ou outra.

Todos esses indivíduos são fundamentais para o sucesso do negócio, projeto ou organização. Por isso é muito importante aprendermos a montar uma equipe com características empreendedoras e dar a ela, além da necessária liderança, a autonomia para que possa exercer a inovação que impulsionará o negócio, sempre lembrando que empreendedores só podem ser liderados por outros empreendedores. Sem essa identidade de valores, princípios e objetivos, nenhum empreendedor se deixa liderar e é, frequentemente, confundido com alguém rebelde e alheio a comando. Assim são os visionários, artistas, cientistas e empreendedores, não se submetem à incompetência e a sistemas nos quais o poder não está a favor da evolução.

A busca por sinergia é a busca de uma união especial na qual 1+1 seja sempre mais que 2. Isso acontece quando as pessoas se complementam e, na presença umas das outras, são capazes de produzir muito mais do que produziriam sozinhas ou associadas a outros com os quais não se identificassem ou não compartilhassem de um "sonho em comum".

> *"Chame de clã, rede, tribo ou família. Chame*
> *como quiser. Chame-os como for,*
> *seja você quem for, você necessita deles."*
> JANE HOWARD (1923-2014)
> *Escritora inglesa.*

9ª ATITUDE EMPREENDEDORA

Monte uma equipe empreendedora

A melhor maneira de evitar o imobilismo e o aprisionamento apenas a nossas ideias e pontos de vista consiste em montar uma equipe empreendedora com a qual possamos interagir, trocar ideias, debater e checar a coerência entre o que vemos e deixamos de ver em todas as fases do projeto. Por isso, empreendedores não devem ter medo da competência; pelo contrário, devem estimular e contratar sempre os mais competentes, cercando-se de pessoas apaixonadas e questionadoras.

Considere os seguintes itens fundamentais na escolha dos colaboradores para montar uma equipe empreendedora:

1 **Contrate pelo caráter, treine pela competência.**
Caráter é fundamental. Busque conhecer a fundo o histórico de credibilidade e idoneidade das pessoas que escolhe para trabalhar com você. De que adiantaria contratar alguém com excelente competência e péssimo caráter? Essa pessoa iria utilizar a competência para lesar você e sua empresa.

2 **Invista nas pessoas, desenvolva e retenha talentos.**
Treine os pontos fortes das pessoas. Esse era sempre o conselho

de Peter Drucker; treine os indivíduos em seus pontos fortes para que eles se tornem incrivelmente fortes.

Eles precisam ser treinados em duas esferas de competências: humana e profissional. Na esfera das competências humanas, é importante treinar os aspectos ligados à comunicação e ao relacionamento. Na esfera das competências profissionais, é fundamental enfatizar qualidade, marketing, atendimento, negociação e vendas, além, é claro, das demais competências técnicas específicas que cada negócio/projeto pressupõe.

Treinar as pessoas é prepará-las para a busca contínua da excelência.

Nesse ponto, atletas se parecem com equipes empreendedoras: ambos treinam para desenvolver alta performance.

Embora Drucker, com seu bom senso e senso crítico apurados, tenha razão, afinal o que torna as pessoas especiais em determinada área são seus pontos fortes. Devemos nos lembrar da figura mitológica de Aquiles na guerra de Troia. Mesmo sendo um guerreiro considerado invencível, Aquiles morre vítima de uma flecha que atinge seu único ponto vulnerável: o calcanhar. Daí surge a expressão que conhecemos, de que todas as pessoas possuem um "calcanhar de aquiles", ou seja, um ponto fraco que pode pôr tudo a perder.

Na formação de equipes empreendedoras e na nossa própria busca pessoal por revelar todo o potencial empreendedor que possuímos, devemos estar atentos e conscientes de qual é o nosso calcanhar de aquiles.

Dessa forma, além de focar a maior parte de nosso tempo e esforços em nossos pontos fortes, convém não esquecer de dedicar tempo a fortalecer e eliminar os pontos fracos, especialmente aqueles que podem pôr tudo a perder. Em geral, nosso calcanhar de aquiles está nos aspectos comportamentais: personalidade e/ou temperamento inadequados para a interação com as demais pessoas que nos ajudam a transformar o sonho em realidade. Essa pode ser a causa de uma derrota que não ocorreria se tivéssemos trabalhado melhor a maturidade comportamental.

3   Prefira pessoas com capacidade de suportar pressão.

O mundo dos negócios não é o lugar mais calmo do universo, pelo contrário, quanto mais a competitividade aumenta, maior o número de pressões internas e externas exercidas sobre todos os que ousam empreender.

É fundamental trabalhar com pessoas que não têm o hábito de se vitimizar e estão suficientemente dispostas a enfrentar os desgastes e as pressões oriundas dos desafios da profissão.

Todos podemos sofrer circunstancialmente de problemas emocionais, isso é humano e compreensível, mas prefira contratar pessoas sem tendências de agravar e dramatizar, excessivamente, esses momentos. Pessoas com problemas emocionais crônicos, cedo ou tarde, podem transferir para você os prejuízos de seus descontroles.

4   Escolha pessoas apaixonadas pela vida.

Quanto mais apaixonada pela vida for uma pessoa, mais ela estará disponível e disposta a aprender e buscar novos desafios.

Pessoas apaixonadas pela vida são apaixonantes, elas exercem um efeito excelente sobre os outros membros da equipe, clientes, fornecedores e colaboradores.

Esse tipo de pessoa reflete a luz que você deseja que seus clientes percebam nos olhos de cada colaborador ao entrar em contato com sua empresa e sua equipe.

5   Contrate ambiciosos, não gananciosos.

Ambição e ética são perfeitamente compatíveis!

Ambição deve ser entendida como: "Atitude ética orientada para realizar e atingir metas e objetivos altamente significativos".

Ganância é uma palavra de origem latina que remete a agiotagem, usura (empréstimo de dinheiro a juros excessivamente altos). Ganância deve ser entendida como: "Atitude imoral e egoísta, orientada para a obtenção de vantagem abusiva e antiética".

É possível ser ambicioso sem prejudicar ninguém, mas todo ganancioso termina lesando alguém. As metas do ganancioso são individualistas e usurárias.

Podemos afirmar que tudo o que se fez de grandioso no mundo foi movido por uma ambição legítima, e tudo o que de pior aconteceu na história ocorreu e ocorre motivado pela ganância.

Contrate pessoas ambiciosas, que querem crescer pessoal e profissionalmente, que desejam aprender e estão dispostas a assumir desafios. Ambiciosos são muito úteis em uma equipe, estão sempre em busca de alta performance.

Não contrate pessoas gananciosas. Elas querem crescer à sua custa. Querem ganhar inclusive se tiverem que fazer você perder. Pessoas gananciosas são altamente prejudiciais em equipes, pois estão sempre em busca de vantagens não legítimas.

Ambição e ética são perfeitamente compatíveis. Com elas construímos um mundo melhor.

Aos que preferem apostar na ganância, recomendo a seguinte reflexão: pessoas gananciosas dotadas de talento e competência são equivalentes a uma Ferrari sem freios. Imagine as consequências...

6 Prefira os que têm sonhos e metas de crescimento.

É melhor ter uma pessoa genial trabalhando para você por um dia do que uma pessoa acomodada trabalhando a vida toda. Muitos contratantes receiam empregar pessoas que possuem metas e sonhos de crescimento muito claros por acreditarem que, cedo ou tarde, eles irão migrar para outra realidade, outra empresa. Isso pode até acontecer, mas, como essa pessoa é focada em crescimento, no dia em que deixar a sua empresa para um novo desafio profissional, ela terá construído um legado de excelentes contribuições e impactado positivamente outras pessoas que trabalharam com ela.

7 Prefira pessoas que não cultivam o paternalismo.

Ser bom é diferente de ser "bonzinho". Ser bom é ser justo.

Todas as vezes que passamos a mão na cabeça de um colaborador quando ele comete um erro, estamos cometendo um erro ainda maior.

Seja amável com as pessoas, mas firme com os problemas. Não é necessário agir de maneira punitiva, nunca devemos nos esquecer da boa educação e da empatia para com nossos colaboradores; mas não confunda educação, amizade e respeito com paternalismo. Precisamos deixar as pessoas conscientes de suas responsabilidades, erros e acertos.

Não somos pais de nossos funcionários; paternalismo não é bom para eles, nem para nós. Menos ainda para os negócios.

Quando somos paternalistas, nos prejudicamos por deixar de agir profissionalmente. A atitude paternalista faz mal aos colaboradores porque os torna dependentes e encobre suas deficiências, impedindo-os de aprender e crescer. E, finalmente, o paternalismo faz muito mal aos negócios porque "oficializa" uma cultura de irresponsabilidade e "jeitinho".

Em negócios, quem decide apenas com o coração termina com problemas cardíacos!

Não podemos ajudar as pessoas fazendo por elas o que elas precisam fazer. Não podemos ajudar a construir a competência subtraindo a iniciativa, a responsabilidade e a independência das pessoas. Se você quer de fato ajudar, elimine o paternalismo.

8 Valorize pessoas que demonstram muito esforço extra.

Uma pessoa demonstra esforço extra quando faz além daquilo que se espera dela. Pessoas com muito esforço extra não são apenas eficientes, são eficazes.

Enquanto eficiência é fazer certo as coisas, eficácia é fazer certo as coisas certas. Isso faz toda a diferença!

Colaboradores com esforço extra se dedicam aos detalhes, surpreendem agregando maior valor até mesmo às tarefas mais simples, são pessoas comprometidas e dedicadas que primam por fazer com excelência tudo aquilo que lhes é pedido.

Elas precisam ser amplamente valorizadas e reconhecidas moral e materialmente (sempre de acordo com critérios racionais, justos e refletidos). Pessoas dotadas de muito esforço extra são fundamentais aos negócios; são elas que encantam e surpreendem clientes, e é com elas que podemos contar em toda e qualquer situação, dentro e fora da sua função original. Elas compõem a turma do "pode deixar que eu faço". E fazem bem, muito bem!

9 **Escolha pessoas que não têm preço.**

Determinadas pessoas trabalham única e exclusivamente por dinheiro; elas não são as melhores para a sua equipe.

Contrate pessoas que não têm preço, pessoas que têm valor. Sua característica consiste em não fazer algo única e exclusivamente por dinheiro. Claro que esperam reconhecimento e se sentirão valorizadas com prêmios e gratificações, mas em primeiro lugar prezam por sua reputação e performance, mesmo quando possuem metas monetárias audaciosas, o que jamais deve ser motivo de preconceito. Grandes vendedores, em geral, têm metas audaciosas, e isso faz bem aos negócios, desde que seu foco em parceria, reputação e performance seja maior.

10 **Comemore as vitórias e dê os créditos.**

Comemorar as vitórias é fundamental para manter alto o moral da equipe. As pessoas de valor que trabalham para você não o fazem apenas por dinheiro e benefícios, trabalham por autorrealização.

Nós, seres humanos produtivos, temos a necessidade de nos sentirmos úteis e importantes, trabalhando em alguma atividade de valor, altamente significativa.

Comemorar é um dos atos rituais mais antigos do mundo e faz com que as pessoas se sintam igualmente importantes na conquista da vitória.

Reconhecimento é fundamental, um simples elogio faz toda a diferença. Porém não espere que somente com elogios você mantenha seus colaboradores motivados.

Além de dar o crédito a cada uma das pessoas que o ajudam a vencer como empreendedor, você precisa ajudá-las a crescer, colaborar com a realização de seus sonhos pessoais e compartilhar com elas os frutos da vitória em termos emocionais e materiais.

Precisamos encontrar o equilíbrio entre as recompensas morais/emocionais e as recompensas materiais que permitem que elas realizem seus sonhos pessoais.

Jack Welch, presidente da GE, disse: "Os funcionários devem sentir as recompensas advindas de suas vitórias tanto na alma quanto em suas carteiras".

Procure informar-se sobre gestão participativa, um modelo em que as pessoas são escutadas (ouvidas com atenção), e suas opiniões e sugestões são valorizadas pelos gestores no processo de tomada de decisões.

Muitas empresas acreditam motivar seus funcionários oferecendo a eles "benefícios" que eles não querem e não pediram. Essas empresas se esquecem de que escutar o "presenteado" é fundamental para acertar no "presente".

Quando você contrata pessoas de excelente caráter, igualmente ou mais competentes que você, está provando que a sua competência é ainda maior. Não dê espaço para o imobilismo dentro do negócio — convide gente competente, que possa, inclusive, contrariá-lo com ideias diametralmente opostas às suas.

Como dizia Leonardo da Vinci: "O ferro se oxida quando não é usado; a água estancada perde a pureza e o frio a congela; do mesmo modo, o imobilismo consome a energia da mente".

*"Insista em si mesmo, nunca imite ninguém.
O seu próprio dom só pode ser oferecido com a força
acumulada do cultivo de uma vida inteira.
Do talento apropriado de outros, você terá apenas
uma meia propriedade temporária."*
RALPH WALDO EMERSON (1803-82)
Escritor, filósofo e poeta norte-americano.

10ª ATITUDE EMPREENDEDORA

Imprima a sua marca

Sua marca é a expressão do seu DNA, a digital da alma, da essência que constitui o seu negócio. O que mais impacta as outras pessoas é a alma que conseguimos imprimir em tudo o que fazemos. Por isso, **o mais importante não é o que você faz, mas como faz!**

Nada é mais poderoso que a autenticidade, a identidade comunicada de maneira transparente e objetiva em cada detalhe do que fazemos.

O que torna um acontecimento marcante ou banal é muito mais o conjunto de emoções e significados associados ao fato que o fato em si.

Devemos nos dedicar a criar experiências marcantes, ou seja, imprimir a nossa marca de maneira nítida em tudo aquilo que fazemos.

Conquistar esse patamar não é apenas uma questão de dom ou de talento, é uma questão de aprendizado. Algumas pessoas o fazem de maneira mais espontânea que outras, mas todas podem potencializar os resultados ao se dedicarem a observar: o que torna uma experiência marcante e quais suas características pessoais que mais contribuem com a geração desse impacto?

Nossas características mais notadas são uma espécie de "digital" da personalidade, algo que naturalmente nos distingue dos outros. Se observar com atenção as pessoas que você mais admira na vida, vai notar que elas têm em comum o fato de deixarem suas "digitais" em tudo o que fazem.

São pessoas que descobriram as próprias forças e as incorporaram no dia a dia como elementos que evidenciam a sua presença nos mínimos gestos. Nós conhecemos muitas pessoas bem-humoradas, mas algumas são notadamente distinguíveis pelo seu bom humor — ele passa a ser um atributo necessário e indispensável quando queremos definir essa pessoa.

Qual é o atributo indispensável quando queremos definir você ou sua empresa?

Em marketing, quando queremos comunicar os benefícios de um produto a seu público-alvo, observamos quais são os pontos fortes do produto frente a esse público, quais são os seus benefícios e diferenciais. Então, enfatizamos esses diferenciais buscando torná-los únicos na categoria, para que eles sejam reconhecidos e lembrados.

Comunique sua marca pessoal e foque nos atributos que o tornam memorável. **As pessoas passam, mas as impressões ficam.** Por isso, até hoje usamos citações de pessoas que já morreram há milhares de anos; elas continuam vivas por meio das impressões que causaram. Tornaram-se imortais por meio de suas "digitais".

Não se trata de megalomania ou narcisismo; trata-se de dar o melhor de nós em tudo o que fazemos e, dessa forma, contribuir efetivamente com o mundo ao nosso redor.

Se você premia um funcionário pelo desempenho ou beija sua esposa quando chega em casa, isso pode ser um fato corriqueiro ou um grande acontecimento, vai depender de como o faz!

Dedique-se intensamente a causar experiências marcantes. Você, sua mensagem e seus ideais jamais serão esquecidos.

Imprima a sua marca. Dê alma a todos os frutos da sua dedicação. Da mesma maneira que um corpo não vive sem alma, produtos e serviços também não.

Cada vez que uma pessoa entrar em contato com algo que saiu

da sua mente, do seu coração ou de suas mãos, ela deve ser capaz de perceber a sua presença. Imprima a sua marca, viva intensamente e cative as pessoas a viverem intensamente com você!

Como eternizou com absoluta propriedade o poeta francês do século XIX Alfred de Musset: "Cada verso memorável de um verdadeiro poeta possui duas ou três vezes mais conteúdo do que o que está escrito".

"O truque da gestão é conseguir que nossos colaboradores vejam o todo e percebam que os pequenos detalhes das suas tarefas do dia a dia podem efetivamente causar um impacto transformador nos clientes."
JOSEPH A. MICHELLI
no livro A estratégia Starbucks.

11ª ATITUDE EMPREENDEDORA

Cative colaboradores, conquiste multiplicadores e prepare sucessores

A visão, a missão e os valores que regem o negócio devem ser perceptíveis em toda e qualquer interação com as pessoas, os produtos e serviços que o compõem.

Como já vimos, cada pessoa, produto e serviço deve, necessariamente, transmitir a identidade, o DNA do negócio.

Se o empreendedor consegue compartilhar a sua visão, conhecimento e paixão com toda a equipe, tornando-os nitidamente presentes em seus produtos e serviços, terá conquistado um diferencial fantástico: seus produtos e serviços passarão a ter uma alma especial, única!

Cada interação de um cliente com qualquer uma das partes que compõem o negócio deve equivaler a um "momento mágico", um momento especial em que a empresa envolve o cliente, de forma altamente positiva, causando uma experiência memorável. Isso tornará esse cliente mais um multiplicador, um admirador e defensor da marca.

Pessoas empreendedoras não podem perder tempo tentando fazer tudo sozinhas; elas precisam cativar seus "representantes", de maneira a torná-los indivíduos apaixonados pelo negócio, defensores da visão e missão compartilhadas pelo empreendedor. Quando isso ocorre, cada membro da empresa a representa como um todo. É como se a figura do empreendedor se multiplicasse e pudesse estar sempre presente.

É isso que sentimos quando visitamos qualquer parque do complexo Disney. A alma e a visão de Walt Disney permanecem vivas em cada contato que estabelecemos com uma atração ou profissional da empresa.

Da mesma forma, quando interagimos com um profissional da área de gestão do Grupo Gerdau, nos sentimos, de alguma maneira, frente a frente com Jorge Gerdau Johannpeter.

O tema da sucessão sempre foi alvo de máximo interesse na gestão de Johannpeter. Quando seu filho, André B. Gerdau Johannpeter, assumiu a presidência do grupo em 2006, já vinha sendo preparado há décadas, tendo passado por praticamente todas as áreas da organização.

Também em qualquer interação com o Instituto Ayrton Senna, sentimos a visão, os ideais e a paixão que tornaram o homem/piloto um ícone mundial, não apenas por sua capacidade técnica, mas especialmente por sua essência.

A arte de estar em vários lugares ao mesmo tempo depende de compartilhar o conhecimento e a visão, inspirando e preparando as pessoas para vivenciar e representar a essência do negócio.

O sucesso de um empreendimento depende da continuidade da visão do empreendedor. Dessa maneira, se não houver multiplicadores e sucessores, o empreendimento desaparece junto com a figura do empreendedor.

Se você não preparar outras pessoas para assumirem o seu lugar, só poderá estar em um lugar de cada vez, mas, se tem sucessores, admiradores e seguidores, onde eles estiverem você também estará!

Se a visão, os valores e o planejamento da empresa não forem vividos por todas as pessoas que a compõem, a empresa não passa de uma ilusão: nela não existe trabalho em equipe, há apenas grupos trabalhando.

Onde estiver um seguidor seu, você estará representado; onde estiver um cliente que o admira, você estará sendo divulgado; e onde estiver o seu sucessor, sua visão e seus princípios estarão sendo praticados. Enquanto essas pessoas fazem com que você esteja em vários lugares ao mesmo tempo, você mesmo poderá semear novas ideias, novos negócios e gerar novas oportunidades e avanços para o mundo ao seu redor.

Pessoas empreendedoras podem e devem estar em vários lugares ao mesmo tempo. Para isso, é necessário compartilhar sempre.

Lembre-se de:

1   inspirar e cativar colaboradores, compartilhando sua visão e paixão pelo negócio;
2   encantar e cativar seus clientes a ponto de que se tornem multiplicadores e fiéis defensores da empresa e da marca;
3   preparar seus sucessores para que conheçam em plenitude a visão, a missão e os valores da empresa e continuem cativando novos colaboradores e novos clientes, perpetuando o ciclo virtuoso.

Se você refletir bem, perceberá que não há sucesso sem sucessores, indivíduos especialmente talhados para levar adiante seus valores e ideais. Inspire-os, encante-os, prepare-os!

*"Eu não preciso correr mais rápido que o leão,
só preciso correr mais rápido que você."*

Frase extraída de uma clássica historieta da área de negócios,
em que duas pessoas se defrontam com um leão e uma
delas se abaixa para amarrar os sapatos. Questionada
pelo colega se pretendia correr mais que o leão, após amarrar
os sapatos, a primeira responde com a frase acima.

12ª ATITUDE EMPREENDEDORA

Aprenda, execute e cresça mais rápido que a concorrência

A velocidade com que você se adapta e aperfeiçoa é determinante para o seu sucesso como empreendedor.

Charles Darwin propôs um princípio totalmente verdadeiro no universo dos negócios: "Só os mais bem adaptados sobrevivem".

Adaptar-se no mundo dos negócios não é se adaptar ao presente, mas equivale a criar uma nova realidade, inovar, adaptar-se à evolução contínua.

Adaptação não pode e não deve ser sinônimo de acomodação. A adaptação dos empreendedores é constante, proativa, evolutiva, e não a criação de uma nova zona de conforto. O empreendedorismo é contrário à acomodação e ao conformismo.

A agilidade na busca pela transformação da ideia em realidade é uma característica fundamental dos empreendedores de sucesso.

Se você não aprender, não se adaptar e não se aperfeiçoar mais rápido que a concorrência, perderá grandes chances. Se a oportunidade for boa, mude o que for preciso; mude **tudo** se preciso for, mas aproveite-a.

*"Eu perdi mais de 9 mil arremessos na minha carreira.
Eu perdi quase trezentos jogos. Vinte e seis
vezes, eu tive a confiança de assumir o arremesso
que definiria a partida e perdi. Eu falhei, falhei
e falhei em minha vida. Foi assim que venci!"*

MICHAEL JORDAN (1963-)

Um dos maiores jogadores do basquete mundial de todos os tempos.

13ª ATITUDE EMPREENDEDORA

Comece tudo outra vez

Como vimos, a vida dos empreendedores não é feita apenas de sucessos, mas de erros, acertos, fracassos e recomeços. O verdadeiro empreendedor jamais se acomoda!

Sob quaisquer circunstâncias, precisamos estar sempre preparados para começar tudo outra vez.

Se o Sol não renascesse todas as manhãs, a vida na Terra estaria extinta. O mesmo acontece conosco: nosso sol interior, esta chama sagrada do recomeço e da evolução, deve nos aquecer e iluminar nossos caminhos.

Não importa onde você esteja agora, este não é o final do caminho... Continue em frente!

Por isso não se deixe cristalizar pelo sucesso. As mesmas competências que o trouxeram até ele, agora aprimoradas, devem continuar conduzindo-o a novos estágios de desafios e superação. Na natureza, tudo está em contínuo movimento.

Não se apegue às suas conquistas, isso irá paralisá-lo. Concentre-se no prazer de avançar, realizar, recomeçar.

Nem os fracassos nem os sucessos são definitivos. O caminho do êxito requer semeadura diária para que a colheita continue abundante.

Não pare de sonhar e realizar, afinal "a noite" foi feita para sonhar e "o dia", para realizar.

Comece de novo, comece outros planos, sonhe novos sonhos!

Observe que quem se dedica de toda a alma a um ideal não tem tempo para envelhecer.

Não espere por uma grande ideia para começar; comece, e as grandes ideias virão. Não adie o começo na busca de inspiração, a atitude também conduz à inspiração.

Que maravilhoso será o dia em que cada um de nós não esperar um só momento para começar a aperfeiçoar o mundo... Comece fazendo o possível, depois o difícil e, em breve, você estará fazendo o inimaginável!

Independentemente da parte de sua história em que você esteja, lembre-se: é possível recomeçar.

Não podemos editar o passado, mas podemos seguir em frente e construir uma melhor versão do futuro!

Lembremos do que propunha Francisco Cândido Xavier, uma das figuras humanas mais queridas do empreendedorismo social e da religiosidade brasileira, cotado para o Nobel da Paz e eleito o mineiro do século: "Ninguém pode voltar atrás e fazer um novo começo, mas todos podemos começar agora e fazer um novo fim!".

Empreendedorismo e espiritualidade

Independentemente de quaisquer questões doutrinárias, da presença ou ausência de uma prática religiosa e até mesmo da presença ou ausência de crenças nesse sentido por parte dos leitores deste livro, podemos estabelecer uma relação entre empreendedorismo e espiritualidade. Espiritualidade entendida como uma transcendência ética, como o princípio proposto por Immanuel Kant como sendo "o dever de fazer o bem" (deontologia).

Se entendemos que o empreendedorismo não é um fim em si, mas uma porta que revela um caminho de oportunidades e estabelece um ciclo virtuoso que atinge a um enorme contingente de pessoas, formando uma verdadeira "corrente do bem" (tal qual no filme homônimo), concluímos que cada um de nós se encontrará como uma parte importante dentro de um todo que nos é muito superior e que possui relações de causalidade reveladas pelas inter-relações entre os homens.

Nesse sentido, estejamos ou não envolvidos com a religiosidade, sejamos muçulmanos, budistas, judeus, cristãos etc., partidários de uma visão mais cósmica da vida ou optantes pelo pragmatismo de uma razão que não quer se envolver com aquilo que não se pode medir ou comprovar pelos métodos científicos convencionais, seja como for, todos nós vivenciamos uma especial emoção diante da vida, um sentido de transcendência seja pelo legado deixado pelos homens, seja pela herança divina que os índios liam nas folhas das árvores, no soprar dos ventos e no canto dos pássaros.

Essa emoção, essa sensação pode ser denominada espiritualidade, aquilo que não é oriundo da matéria, mas da emoção, do sentimento, da psique, que amplia a nossa percepção de ser. É sobre esse sentimento que eu gostaria que refletíssemos juntos...

Acredito que o empreendedorismo é uma bênção divina em ação na humanidade. É uma espécie de chama que nos leva a querer e, ao mesmo tempo, perceber que para conquistar/transformar é preciso agir!

O sonho do empreendedor é um sonho espiritual, provém da alma e corresponde ao cumprimento do nosso verdadeiro destino, ou seja, nos tornarmos quem nascemos para ser, realizando nosso potencial.

A vitória em nossos empreendimentos, mesmo nos de ordem material, tem consequências espirituais. Quando você vence seus obstáculos, aprimora o seu ser.

A vida premia de maneira abundante todo esforço ético e disciplinado, e todos eles têm consequências espirituais que, além de atingirem nossa própria vida, beneficiam a todas as pessoas ao nosso redor.

Um empreendedor de sucesso gera empregos, na sua e em outras empresas; seus produtos e serviços auxiliam indivíduos em suas conquistas pessoais; assim, faz girar todo um ciclo de prosperidade que jamais será meramente material.

Sempre associei a frase "Bem-aventurados os homens de boa vontade" ao empreendedorismo. Interpreto-a como sendo "bem-aventurados aqueles que têm uma vontade boa", ou seja, aqueles capazes de fazer com que coisas boas aconteçam. Sonhar todos sonham; assim, bem-aventurados aqueles que fazem acontecer (vontade = capacidade de realização, decisão colocada em prática através da atitude), pois o mundo deve muito a eles!

Entendo empreendedorismo como um caminho efetivo para vencermos a nós mesmos, não permitindo que nossos limites se transformem em limitações. Empreendedores desafiam continuamente os seus limites!

Empreender é o oposto de se acomodar, é posição ativa, jamais passiva. Empreender é exercer o aspecto divino da criação que reside em nós.

Se somos filhos de um Criador, somos também criadores, dentro da nossa proporção e do nosso papel na obra da humanidade.

Observando a vida, nunca tive dúvidas de que existe uma bênção sobre os empreendedores que os faz encontrar algo muito mais importante do que aquilo que estavam buscando originariamente.

Refiro-me aos verdadeiros empreendedores, àqueles comprometidos com a ética. Não existe espiritualidade na ausência da ética, e, portanto, não existe empreendedorismo também. Empreender é transformar para melhor. Na ausência dessa característica qualitativa, não há empreendedorismo, há apenas pessoas determinadas que realizam suas metas, mas não constroem, não aperfeiçoam e não contribuem efetivamente para um mundo melhor.

Empreender é construir, transformar, aprimorar!

Todos os representantes do amor divino na Terra nos convidaram a empreender no terreno do nosso espírito, transformando-nos a nós mesmos e, assim, transformando o mundo ao nosso redor.

Mahatma Gandhi dizia: "Torne-se a mudança que você quer ver no mundo". Madre Teresa de Calcutá dizia: "Jamais permita que alguém saia da sua presença sem se sentir melhor". Martin Luther King disse: "Eu tenho um sonho...".

Jesus disse que o sal não pode perder o sabor, que o talento não deve ser enterrado na terra e que a luz não deve ser colocada embaixo do móvel. Ele nos convidou a nunca perdermos o sabor, a multiplicar nossos talentos e a fazer brilhar a nossa luz. Jesus nos convocou a transformar a nós mesmos, colaborando com a transformação do mundo. Ele venceu o mundo e nos convida a fazer o mesmo. Em meu entendimento, Jesus nos convidou a sermos "empreendedores espirituais".

Esta é a minha mensagem para você: vença a si mesmo para vencer o mundo, tornando-o um lugar maravilhoso para que nossos filhos e netos possam descobrir o que verdadeiramente possui valor na vida!

O patrimônio efetivo que podemos deixar para nossos filhos é o nosso exemplo de garra, determinação e vitória — primeiro sobre nós mesmos, em seguida sobre as circunstâncias.

Afinal, há somente duas coisas para deixarmos como herança para nossas crianças: a primeira são raízes (expressas por nosso caráter, princípios, valores e exemplos mais nobres); a segunda são asas (conhecimento e sensibilidade). Que eles possam voar alto sem jamais perder a conexão com suas raízes. São elas que os manterão firmes no solo da realidade e da humildade, que deve caracterizar cada um de nós na relação de respeito, amor e admiração uns para com os outros. Um mundo melhor se constrói com pessoas melhores, pessoas que empreendem a extraordinária jornada de se tornar o que nasceram para ser: felizes e produtivas!

Hoje, mais que nunca, precisamos viver nossa espiritualidade como exemplo ativo e assertivo de transformação positiva do mundo. Mais do que pessoas que falem sobre amor ou preguem sobre a paz, precisamos de pessoas que amem intensamente e exemplifiquem a paz.

Os dez mandamentos do empreendedor

1 Ame profundamente a bênção da oportunidade e seja grato por absolutamente tudo o que encontrar em seu caminho.

2 Realize seu trabalho como uma maneira de agradecer a Deus pelas infinitas oportunidades que Ele lhe concede.

3 Ajude as pessoas a crescer, dividindo com elas o que aprendeu na vida.

4 Coloque-se em saudável competição consigo mesmo. A cada dia dedique-se a superar o dia anterior.

5 Entenda a vida como uma ampla escola e dedique seu tempo a aprender o que possui valor e a aplicar o que aprendeu.

6 Não creia em profecias derrotistas; sempre é possível vencer.

7 Reconheça que, para cada porta que se fecha, outra sempre se abrirá, mas você terá que encontrá-la e bater. E, se preciso, construí-la.

8 Saiba que a única segurança na vida reside na certeza de que é possível seguir em frente, sejam quais forem as circunstâncias.

9 Semeie amor, humildade, gratidão, honestidade e justiça — a colheita é autoexplicativa.

10 Dedique-se a inovar e recomeçar, sabendo que a vida renasce todos os dias e, com ela, você. Por isso, nunca desista de seus sonhos!

A oração do empreendedor

Senhor,

— Concede-me o dom de ser útil, aperfeiçoando tudo o que encontrar pelo caminho, sempre orientado pelo Teu Espírito e inspirado pela Tua Luz.

— Obrigado pelos caminhos existentes e pela possibilidade de caminhar e abrir novos.

— Que as pedras no meu caminho se tornem matéria-prima na construção das pontes na direção das minhas realizações.

— Que as críticas me mantenham humilde e atento às possibilidades de melhoria contínua das minhas atitudes.

— Não permitas que meus sonhos sejam passivos e se tornem delírios pela ausência de atitude.

— Envia-me colaboradores sinceros que me ajudem a vencer e permita que eu lhes retribua com profunda afeição, consideração, respeito e reconhecimento.

— Que diante dos obstáculos minha fé se fortaleça ainda mais.

— Permita que eu encontre as forças e os recursos necessários para sempre transformar as dificuldades em oportunidades.

— Livra-me do egoísmo, da arrogância e da ganância.

— Auxilia-me a perseverar, com garra e determinação, por caminhos justos e éticos.

— Concede-me continuar a jornada em novos empreendimentos e, sobretudo, utiliza-me como instrumento do Teu amor entre os homens, promovendo a paz, o progresso, a justiça e a prosperidade.

Obrigado por tudo o que tenho encontrado e ainda hei de encontrar em meu caminho, pois reconheço que todas essas coisas vieram e sempre virão para o meu bem.

Obrigado pelas portas que se abriram, assim como pelas que se fecharam. Obrigado, Senhor, por me inspirar a buscar outros caminhos que me revelaram paisagens ainda superiores àquelas que eu buscava.

Eu Te agradeço por ter me sustentado nos momentos mais sofridos, diante da incompreensão e dos desafios materiais e espirituais.

Obrigado pelas vitórias, as já conquistadas e as ainda por conquistar, porque, quando caminhamos contigo, já trazemos no coração a certeza das vitórias futuras.

E, por fim, eu Te peço que a minha vida se faça lembrar, não por minha pessoa, mas pelo que de útil eu possa ter feito pela existência.

Que assim seja!

Seu filho empreendedor.

Frente a frente com quem já realizou o caminho

Vamos juntos refletir sobre a experiência de quatro empreendedores. Para citar todos os *cases* pelos quais tenho carinho e com
cujos empreendedores mantenho relacionamento de longa data,
desde empreendedores individuais a CEOs das maiores empresas
nacionais e multinacionais, eu precisaria realizar centenas de en-
trevistas e escrever diversos livros. Escolhi quatro exemplos que
nos ajudarão a entender quatro situações diferentes de empreendedorismo, tanto na natureza de seus desafios, quanto na parti-
cularidade de suas histórias, faixa etária, porte atual da empresa,
número de anos no mercado e legado (ainda em plena vitalidade
de construção). Esses foram os critérios utilizados para permitir
que visualizássemos diferentes momentos de empreendedores em
diferentes fases de suas vidas e de seus empreendimentos, favorecendo leitores que, por uma razão ou outra, estejam vivenciando
situações semelhantes às que eles vivem ou viveram quando iniciaram.

Juntos vamos conhecer um pouco mais sobre uma jovem mulher empreendedora reconhecida pela ONU, um brilhante intraempreendedor que se tornou empreendedor, um mestre na arte de
empreender cuja empresa completou sessenta anos de mercado

e um empreendedor social que já modificou a vida de milhares e milhares de pessoas, retirando-as do álcool e das drogas. Bem-vindos a uma breve conversa com: Vanessa Villela, Luiz Piccoli, Alair Martins e Haroldo Rahm.

Vanessa Villela, 36 anos
Empresa: Kapeh

Localizada no sul de Minas Gerais, região tradicional no cultivo de cafés especiais, a Kapeh é uma empresa inovadora de cosméticos feitos exclusivamente à base de extrato de café certificado, obtido por meio de produção rastreada e sustentável, com proteção ao meio ambiente e respeito ao ser humano. O nome Kapeh foi inspirado no idioma maia e significa "café", que é a base da composição dos produtos. Após desenvolver um estudo pioneiro em parceria com universidades, Vanessa Villela, fundadora da empresa, identificou as ricas propriedades antioxidantes e revitalizantes do grão verde desse fruto para nossa pele e, em 2007, iniciou as atividades da empresa. Atualmente, a marca conta com uma extensa variedade de produtos comercializados em mais de 250 pontos de venda multimarcas em dezenove estados brasileiros, além de serem exportados para Portugal e Holanda. Essa iniciativa inovadora rendeu importantes premiações. Vanessa Villela foi eleita pela ONU como uma das dez melhores empreendedoras do mundo, além de ser vencedora do prêmio Nacional de Inovação (CNI/MBC).

Vanessa, o que a levou a querer ter seu próprio negócio? Isso sempre foi uma ideia sua, ou em algum momento, após a graduação, você decidiu "quero fazer algo diferente, original"? Como você se tornou empreendedora?

Na verdade, sempre foi uma ideia minha, está muito relacionada à minha criação. Eu sempre fui bastante estimulada, desde nova, a ter um negócio, a ser independente financeiramente, isso já vem da minha criação. Eu sempre quis ter minha empresa nesse segmento, soube disso desde muito cedo e direcionei meus passos para esse objetivo.

> Aqui percebemos os benefícios de uma educação empreendedora, repleta de estímulos à iniciativa e à independência. Pais que educam assim estão preparando seus filhos para o futuro, seja qual for o cenário. À medida que, também na escola, tenhamos mais elementos de uma educação empreendedora, que vai muito além da visão concentrada em carreira e negócios, mas foca na questão da autorrealização, da expressão ilimitada do nosso ser, viveremos em mundo extraordinariamente melhor.

Como foi a escolha pelo ramo de atuação em cosméticos? Você disse que sempre teve a ideia de ter seu próprio negócio...

Sempre tive a ideia de ter meu próprio negócio e na área de cosméticos. Desde que eu me entendo por gente, eu sempre fui assim, apaixonada por cosméticos, adorava misturar as coisas, brincar com isso... Sempre sonhei, então decidi: "Vou estudar farmácia, para um dia eu ter minha empresa nesse segmento".

Então, desde que estava na universidade, você já tinha essa ideia: "Vou terminar o curso e montar o meu negócio"?

Já, na verdade eu já fiz a universidade direcionada. Estudei farmacêutica e bioquímica.

> É muito bom quando podemos perceber cedo nossos horizontes, ao menos os mais imediatos. Milhares de jovens chegam à universidade sem saber sequer se têm identificação com o curso escolhido. Embora sempre possamos mudar de rumo e recomeçar e nenhum investimento em conhecimento se perca, vislumbrar mais cedo nossas vocações abre extraordinárias oportunidades e nos economiza tempo precioso na vida.

Quais foram suas maiores dificuldades para começar a empreender, as internas ou externas?

Acho que mais externas, pois internamente eu tinha isso muito claro e definido. Às vezes, hoje em dia, as pessoas têm tanta informação que se perdem no meio delas e não conseguem colocar nada em prática...

Você recorreu a algum órgão ou entidade que dá assistência a novos empreendedores para criar o projeto do modelo de negócios?

Sim! Eu sempre tive um contato muito próximo com o Sebrae. Quando comecei a desenvolver a empresa, os primeiros contatos que eu fiz foram com eles. E essa parceria segue até hoje.

Como você avalia essa contribuição? Você considera que essa proximidade com o Sebrae foi definitiva para o seu sucesso?

Definitiva eu não diria, mas foi muito importante, sim, porque eles sempre foram parceiros muito próximos. Mas busquei também outras fontes, busquei uma série de consultorias externas para formatar o modelo de negócios da Kapeh...

Você acha que o Sebrae lhe deu mais apoio em termos motivacionais, psicológicos ou mais em termos de conhecimento?

Mais em termos de conhecimentos, de indicações de linhas de investimento, de fornecedores, mais nesse sentido.

Quais foram as maiores dificuldades encontradas no primeiro ano de negócio?

No primeiro ano, a maior dificuldade foi a introdução da marca nos pontos de venda. Porque a Kapeh tinha uma proposta totalmente inovadora, ela oferecia um produto diferente, mas que ninguém conhecia. Desbravar o mercado e quebrar barreiras foram as maiores dificuldades.

Foi mais fácil ou mais difícil do que você imaginava no início?

Acho que foi mais fácil. Desde o início a marca sempre conquistou uma aceitação muito grande. A minha grande dúvida era como seria a aceitação.

Então você previa uma resistência um pouco maior para abrir esse espaço, criar a cultura para essa proposta inovadora em cosméticos e, à medida que você foi avançando, as pessoas foram mais receptivas do que você imaginava?

Sim, na verdade nós estruturamos tudo, o desenvolvimento da marca, dos produtos, para facilitar exatamente isso.

Quanto tempo você trabalhou no seu plano de negócios antes de lançar a marca?

Quase três anos. De outubro de 2004 a abril de 2007.

Em que momento você descobriu que precisaria de outras pessoas com competências diferentes das suas para a gestão do negócio?

Desde o início, tanto que eu sempre busquei as consultorias. Tenho uma série de parceiros que trabalham comigo desde o início, desde a concepção da empresa.

Então, você não entrou com a ilusão que muitos empreendedores têm no início: "eu tenho condição de levar esse negócio para a frente sozinho". Você já entrou com a ideia de que precisava formar uma equipe de apoio?

Com certeza, minha formação é técnica, eu sou farmacêutica

e bioquímica. Quando iniciei meu negócio, busquei fazer uma série de cursos na área de gestão, primeiro, para poder melhor administrar o negócio. Mas a Kapeh tem uma área de atuação ampla e eu preciso de uma série de profissionais, desde a parte de marketing, comércio exterior, até mesmo desenvolvimento, enfim, uma série de conhecimentos que eu não domino, então sempre contei com diversas consultorias e profissionais que são ligados diretamente à empresa.

Tirando essas questões que são mais específicas de cada área — marketing, finanças etc. — do ponto de vista da gestão, você sentiu muita dificuldade, precisou de um coaching, de alguém para acompanhá-la o tempo todo? Como é que lidou com isso?

Eu sempre mantive estreito contato com as consultorias parceiras, desde a formação do plano de negócios, das análises, dos balanços, sempre me cerquei desses profissionais. A interação entre diferentes visões e experiências gera um saldo sempre positivo!

Você formou uma espécie de conselho para decisões? Você escutava esse conselho ou tomava as decisões sozinha?

Sempre ouvia os conselhos, mas sempre tive, muito claramente, o que queria para a minha empresa, então eu ouvia as opiniões para tomar as decisões, mas o norte eu sempre tive muito claro.

Quais os ideais, crenças e valores que norteiam o seu negócio?

A inovação está presente no DNA da empresa. Trabalhamos com muita força também a questão da sustentabilidade, então procuramos sempre produzir o máximo com o mínimo, e ser responsáveis pelos impactos sociais e ambientais que a empresa causa. Eu vejo isso desde o início da empresa, tanto que temos sido convidados a participar e debater sobre o tema da sustentabilidade, porque na minha visão, independentemente do tamanho da empresa, ela tem que ser responsável pelo impacto que causa. Se realmente isso virar um consenso entre as empresas, podemos otimizar muita coisa. Então, inovação, sustentabilidade, a qualidade em si, seja nos produtos, nas relações, no respeito para com nossos clientes e fornecedores... nós procuramos sempre uma negociação muito clara e muito aberta com as duas pontas. Esses são os principais valores da empresa.

Inovação e sustentabilidade formam um binômio indissociável para o sucesso e efetiva contribuição social de cada empreendedor. Devemos ter esses dois conceitos bem claros e focados desde o início de nossos projetos. O conceito de sustentabilidade deve ser abordado em todas as suas dimensões, tanto a relativa a impactos ambientais/ecológicos quanto no aspecto de construção de um ambiente viável para a evolução e permanência do negócio no mercado. Assim, mesmo que um empreendedor se dedique a um negócio de pequeno ou "nenhum" impacto ambiental, deverá observar todos os demais impactos em termos de relações com seus colaboradores, fornecedores e mercado em geral que garantam a sustentabilidade do modelo de negócios. Sustentabilidade significa, de maneira simples e objetiva, garantir o dia de hoje sem prejudicar e inviabilizar o dia de amanhã.

Existem outros membros de sua família que trabalham na empresa. Isso influencia sua maneira de dirigi-la? Você pode descrever essa situação?

Eu comecei a Kapeh em sociedade, hoje não mais. Minhas irmãs são publicitárias, então toda a parte de comunicação, de marketing, de concepção, é feita em conjunto. E essa é uma parte muito importante, no caso, para a minha empresa. Dessa forma, isso influencia sim.

Mas elas são terceirizadas ou são colaboradoras da Kapeh?

Elas são terceirizadas. São prestadoras de serviço.

Tem algum familiar trabalhando diretamente com você na empresa?

Não.

Além desse empreendimento de sucesso, já teve algum outro empreendimento que não deu certo?

Não. A Kapeh é meu primeiro negócio.

Como você se prepara em relação ao futuro? De que forma você obtém informações sobre o que acontece hoje e poderá acontecer no mercado?

Bom, estou sempre de olho nas tendências. No meu caso, nós somos afiliados a um network bem grande e acompanhamos as pesquisas que são feitas em termos de tendências de mercado. Eu participo de uma série de redes, como, por exemplo, uma rede de mulheres ligadas à sustentabilidade, faço parte do Jlide, grupo dos jovens líderes globais, tenho um contato muito grande com a Endeavor e conto com o apoio da sua rede de mentores, que faz toda a diferença na gestão da empresa. Também tenho contato com a rede Young Global Leader; são redes de contatos em que trocamos opiniões constantemente para se ter uma ideia sobre quais são as tendências, o que vem pela frente e ir ajustando o nosso caminho...

Viver num mundo repleto de informação não é vantagem se não sabemos precisar onde estão as informações relevantes. É a qualidade do nosso network que determina a qualidade das informações com as quais nos abastecemos. Lamentavelmente, muitas pessoas perdem contato com excelentes professores do seu período de graduação e pós, que poderiam continuar contribuindo ao longo de toda a sua vida; e outras tantas, que não se associam a redes dinâmicas, formadas por pessoas com igual perfil empreendedor, ficam perdidas em meio à hiperinformação...

Nas feiras internacionais de cosméticos, você vai pessoalmente ou delega isso a alguém?

Vou pessoalmente, mas tenho também consultores da área técnica da Kapeh que participam das principais feiras e trazem novidades para a empresa.

Você costuma frequentar palestras, seminários e workshops?

Na medida do possível; por exemplo, semana passada, estava num curso sobre gestão estratégica da inovação. Procuro participar e ampliar minha qualificação sempre...

> Essa é uma das grandes qualidades do(a)s melhores empreendedores(as), a contínua sede por novos conhecimentos relevantes, a certeza de que qualificação é um processo sem fim.

E na leitura? O que mais a influencia?

Em meu dia a dia eu já leio muito e me informo bastante. Agora estou lendo *O olho do tigre*, sobre visão estratégica, visão periférica, livros mais ligados à parte de gestão da empresa.

O que é sucesso para você?

Na verdade, penso que sucesso é você conseguir alcançar seus objetivos, possuir alegria e prazer naquilo que faz. Isso é muito importante.

Quais características da sua personalidade e temperamento você acredita que mais contribuíram para o seu sucesso? Quais as que você sente que ainda oferecem algum obstáculo?

Uma característica determinante, que eu vejo em mim, é a persistência. Eu até falo "se eu não conseguir fazer algo, é difícil outra pessoa conseguir". Então, eu não desisto de forma alguma. Eu sempre fui determinada.

Uma característica que eu procurei melhorar é a questão de estabelecer redes de contatos. Apesar de eu ser muito comunicativa, no início da empresa, eu não tinha ideia de como isso faz a diferença. Então tenho trabalhado muito essa questão, o que tem me surpreendido.

Você acha que essa sua postura determinada assusta um pouco seus colaboradores?

Acho que não. Acho que passa uma segurança. Problemas e dificuldades todas as empresas, de todos os segmentos, têm. Se você não tiver um objetivo muito claro, ou não gostar muito daquilo que faz, ou um propósito de vida acima daquilo, você emperra no caminho e as coisas não acontecem.

Qual é a visão que norteia sua gestão na Kapeh?

Quero que a Kapeh seja uma empresa referência em inovação, qualidade e sustentabilidade no meio dos cosméticos. Quero transformar a Kapeh numa referência nacional e internacional.

As pessoas mais próximas, familiares e amigos, apoiaram desde o início ou foram convencidos com o passar do tempo?

Eles me apoiaram desde o início, sempre tive muito apoio, da família, do marido, sempre acreditaram. Sempre fui muito estimulada a ter meu próprio negócio.

Qual foi sua maior decepção no confronto entre seus sonhos e a realidade do mundo dos negócios?

Com relação à Kapeh, tive uma grande decepção com relação à minha sociedade. Acho que a ruptura da sociedade foi a fase mais difícil da empresa. Fora isso, grandes decepções não tive. Na verdade, pelo contrário, tive grandes alegrias.

Acredito que as dificuldades são as mesmas em todas as empresas, uma alta carga de impostos, uma série de barreiras, ou lentidões, desde registro de marca, processos, enfim, isso gera uma indignação. Eu estou tentando contribuir, gerar resultado, e em contrapartida você não vê um retorno das instituições para facilitar a vida do empreendedor. Mas decepção, não, pois eu trabalhei tanto na criação, desenvolvimento, concepção da marca, para que tivesse uma aceitação bacana, que o resultado foi aparecendo.

Você sofreu alguma deslealdade por parte de concorrentes?

Já sofri, já tive ideias copiadas. Ideias nossas vendidas por fornecedores, tudo isso...

Você esperava que houvesse uma lealdade maior no mercado do que existe de fato?

Para nós que trabalhamos dessa forma, uma forma muito correta, não esperamos decepções com parceiros. Temos sete anos de trajetória, conseguimos formar um grupo de parceiros que compartilha a mesma filosofia de trabalho e estão com a Kapeh desde o início, mas de vez em quando aparece um ou outro que realmente não dá para ser parceiro...

Hoje você já estabeleceu uma maneira de se proteger um pouco mais com relação a isso? Sua experiência já a torna mais defensiva com relação a certos parceiros, novos fornecedores? Ou seja, você amarra melhor os contratos para não ter que passar por essas situações de novo?

Amarro, mas quando aconteceu o problema, consultei advogados e não teria uma maneira muito diferente de termos formalizado. É necessário maior sensibilidade na hora de fechar as parcerias, mais do que qualquer contrato de confidencialidade, mais do que os termos jurídicos nos quais você se resguarde.

> Nossos pais nos ensinam desde pequenos: nada substitui o caráter. A qualidade das pessoas sempre valerá mais que os mais apurados mecanismos jurídicos; contudo, como vivemos em um mundo bastante dinâmico e muitas das nossas decisões são tomadas em curto espaço de tempo, convém sempre estabelecer para com todos os parceiros e fornecedores o contrato mais bem elaborado possível. Uma boa consultoria jurídica e contábil é indispensável a todo e qualquer empreendedor.

Qual o peso do feeling no seu sucesso? O conhecimento supera o feeling? Ou o feeling impera e você se surpreende quando em algum ponto falta o conhecimento e o feeling resolve?

Eu procuro me resguardar da melhor forma possível em termos de conhecimento, para tomada de decisões, mas o feeling é muito forte; mesmo tendo os dados, números, às vezes eu sei que não é por aí...

Você já contrariou os dados e estatísticas alguma vez, por um feeling muito forte, e se deu muito bem?

Já, toda vez que inova, você está sujeito a isso. Até mesmo com o conceito da Kapeh é uma coisa nova, que não existia, eu precisei ter a empresa desenvolvida para receber esse retorno. É uma aposta que você faz, toda vez que inova. A questão é criar mecanismos para diminuir os seus riscos. Correr riscos da maneira mais calculada possível.

> Essa é a grande diferença entre assumir riscos e correr riscos, como tratamos na sexta Atitude Empreendedora.

Quando lançou a Kapeh, e, portanto, não sabia como seria a receptividade, você fez uma aposta. Você sentia mais medo ou a sensação forte de que ia dar certo?

Eu sempre senti mais a sensação forte de que daria certo! O pensamento positivo conspira a favor. Se você não acreditar no seu negócio, quem vai acreditar?

Você teve algum momento de desânimo, depressão, ou pensou em desistir em algum ponto?

Tive sim, houve momentos muito difíceis. É que eu sou muito persistente. Se não fosse isso, não iria para a frente. Porque comecei a empresa do zero, era meu primeiro negócio; em termos financeiros, eu ainda não tinha tanto capital para investir; quando comecei, não havia tantas facilidades, hoje há mais acesso a crédito. Então comecei do zero em todos os sentidos. A única coisa que eu tinha era muita vontade e determinação.

Mas houve algum momento realmente crítico, no qual você pensou em desistir?

Tem momentos difíceis. Já fui muito abordada por fundos de investimento, já pensei, será que eu devo ceder a uma dessas propostas? Quando as dificuldades acumulam, quando nada dá certo, em um dado momento, pensamos: "será que é isso mesmo?". Mas esse tipo de pensamento sempre foi coisa muito passageira.

A próxima pergunta é muito importante, no sentido de colaborar com outras mulheres empreendedoras que como você estão fazendo a diferença numa era em que as mulheres assumem seu verdadeiro papel na sociedade. Embora sempre tenham sido grandes líderes, durante muito tempo elas o faziam mais dos bastidores, de uma forma velada, mais como influenciadoras que autoras da ação. Agora, mostrando diretamente seu rosto, não são mais a mão que embala o berço, ou a esposa que inspira o marido, mas a própria autora e empreendedora de suas realizações.

Alguma vez você sentiu o peso da competição dentro do relacionamento afetivo? Nós temos uma sociedade patriarcal, na qual a figura do homem, durante milênios, foi a figura do provedor. A partir do momento em que a mulher se torna empreendedora, conquista a independência financeira, vários homens manifestam algum desconforto psicológico, em função da educação que receberam. Você chegou a sentir isso?

Nunca senti isso. Meu pai e meu irmão têm uma visão muito aberta nesse sentido. Não fui criada com esse conceito patriarcal. Sempre me estimularam a ter um negócio, ser independente. Meu marido, então, eu sempre falo nas palestras, comento, eu queria uma pessoa que somasse na minha vida, nunca que me diminuísse ou que me podasse em alguma coisa. Se fosse diferente, eu não teria casado. Meu marido sempre me apoiou, nunca houve competição, em momento algum.

E outras mulheres empreendedoras com as quais você convive, você sente que esse é um problema presente na vida delas?

Acho que não tanto aqui no Brasil, que já é um país mais aberto, mas dentro de minha rede de contatos, por exemplo, da África ou dos Emirados, daquela região, ali se tem um peso muito maior. Então são mulheres guerreiras, que não têm o apoio de ninguém.

> Vanessa teve o privilégio de contar com homens modernos e bem resolvidos ao seu redor. Como sabemos, muitas mulheres enfrentam a dificuldade dos resquícios de uma educação masculina orientada por paradigmas machistas (muitas vezes mais bem disfarçados nos dias atuais). Se essa for a sua situação, procure lembrar-se de que o verdadeiro amor não permite algemas, e alguém, por mais amado que seja, que não compartilhe de suas necessidades de autonomia e autorrealização ainda não aprendeu o que é amar. Todos nós somos seres destinados à autonomia e à evolução, portanto não permita que ilusões de outras pessoas destruam seus sonhos — convide-as, convença-as a participar deles!

Com que frequência você escuta seus colaboradores e muda de opinião em função do que eles estão dizendo?

Apesar de ter minhas ideias muito firmes, de ter as coisas muito claras, eu sou uma pessoa aberta, então, aqui na Kapeh, somos uma empresa muito horizontalizada. Todo mundo tem um acesso muito fácil, uma abertura muito grande para chegar e conversar. Eu tenho minhas ideias formadas, mas eu escuto, sim, as opiniões das pessoas.

Como você lidera as pessoas? Qual é sua característica enquanto líder?

Muito participativa e muito aberta. Eu sou jovem, sei que cada pessoa vem somar, tem algo a acrescentar. Trazem experiências. Longe de mim achar que sou a dona da verdade, que eu sei de tudo, pelo contrário. Estou sempre buscando novos conhecimentos, e em questão de consultores, pessoas que possam trazer mais bagagem, informação e conhecimento para a empresa.

Descreva os momentos que foram mais importantes para sua empresa chegar ao patamar atual.

O momento que eu vejo como um divisor de águas na Kapeh foi o do prêmio da ONU, em 2010. A empresa era superjovem e eu fui indicada, através do Sebrae, fui passando as etapas, e depois que fiquei entre as dez e fui até a ONU para receber a premiação, isso gerou uma repercussão muito grande, reconhecimento, muita mídia, e pude ver que foi um divisor, mudou bastante.

Por conta da mídia ou por conta de você perceber o quanto já tinha realizado e ter um novo fôlego para empreender ainda mais?

Por conta de ambos, na verdade. Às vezes você vai fazendo sem ter noção da dimensão e depois pensa: eu fiz tudo isso, fiz uma coisa bacana! Aí quando você se vê ali, consegue enxergar muito mais. Eu sou bastante perfeccionista, sempre me cobrando muito, acho que tenho muito a melhorar e a fazer, estou só começando. E na mídia também, porque é uma empresa nova, e o peso de mídia, marketing, de você ser visto e lembrado é bem grande.

Manter é mais difícil que conquistar; você tem medo de algo? Esse medo cresce ou decresce com o passar do tempo?

Certa dose de medo e insegurança é até uma mola propulsora para dizer: não posso descansar, nem desistir de forma alguma. Agora, hoje sinto menos medo do que sentia antes, com certeza. O medo diminuiu, porque eu comecei do nada, então o medo era muito maior antes, hoje estou num estágio em que eu olho e falo "consegui"; tem uma série de resultados, mas o desafio é a cada dia.

Você se considera uma pessoa ansiosa? A ansiedade ajuda ou atrapalha você?

Sou muito ansiosa. Isso já prejudicou a minha produtividade, mas busquei alternativas, como a ginástica funcional, que me ajudaram. Sempre me cobro muito, penso assim: fiz, mas nunca está bom... Isso é algo que eu tenho procurado trabalhar para que não me atrapalhe. Mas sou muito preocupada. Ansiosa.

A posição do empreendedor é solitária? Faltam pessoas com as quais compartilhar a visão e os sonhos?

Em parte, tenho contato com várias redes, com outros empreendedores, para trocar experiências; no curso de que participei semana passada já formei uma nova rede e assim sucessivamente...

Pelo que você falou da questão da falta de tempo no dia a dia e da ansiedade... Você é workaholic? Quantas horas trabalha por dia?

Em torno de dez a doze horas por dia. Sem contar os fins de semana...

O que você diria a si mesma no sentido de aconselhá-la para continuar crescendo?

Eu me aconselho o tempo todo e me policio todo dia, no sentido de que hoje o meu grande desafio é a administração do tempo, me tornar o mais produtiva possível. Não em termos de quantidade, mas em termos de qualidade. Tem a ver com aquela metodologia do Drucker que você compartilhou comigo. De repente me pego desviando do meu foco. Aí eu digo: Vanessa, não é por aí... Então hoje o conselho é para eu administrar melhor meu tempo e otimizar os ganhos em termos da qualidade, não quantidade.

O que você gostaria de ter sabido antes que poderia ter evitado um erro significativo ou acelerado seu sucesso?

Complicado, porque eu acho que estou sempre aprendendo e correndo atrás, mas também acho que "um certo desconhecimento" é até bom; sabe aquela citação: "Ele não sabia que era impossível, foi lá e fez"? Pois é, às vezes, o conhecimento de que terá que enfrentar tantos problemas, que haverá tantas dificuldades, acaba nos travando...

Aqui, Vanessa se refere ao conhecimento das dificuldades e dos obstáculos, especialmente os inesperados, que terão que ser enfrentados e que são descobertos à medida que se avança. É nesse sentido que ela coloca que um certo desconhecimento de todos esses entraves salvaguarda um pouco a iniciativa que poderia ser inibida se soubéssemos de antemão tudo o que teríamos que vencer ao longo do caminho.

Como vimos em todas as suas respostas, Vanessa valoriza muito o conhecimento relevante para a construção de seu negócio e tomou todas as providências, desde o foco universitário à escolha de consultorias e parceiros para construir a rede de conhecimentos necessária ao êxito do seu plano de negócios. Não confundamos, então, a "ingenuidade" frente a obstáculos inesperados do caminho com a "ingenuidade" frente às questões básicas sem as quais nenhum empreendimento possui boas chances de sucesso!

Se fosse necessário começar tudo outra vez, o que você repetiria e o que não faria novamente?

Eu faria tudo de novo. Mas agora já com uma experiência, bagagem e visão totalmente diferentes.

Tem algo que você evitaria na sua trajetória? "Isso eu não faria de novo..."

Não... acho que não tenho maturidade suficiente para responder a essa pergunta. É tudo muito novo, tive muitas experiências positivas.

E a sociedade?

Eu não sou contra a sociedade. Mesmo tendo essa experiência... Mas meus critérios seriam diferentes.

Você acha que, na questão da sociedade, seu critério foi mais pessoal que profissional e por isso possa ter dado errado?

Justamente, com certeza. Agora, eu conseguiria levar a coisa de uma forma mais profissional.

O sucesso tirou algo de você que gostaria de ter de volta?

Não, até mesmo porque eu não tenho esse nível tão elevado de sucesso, que possa ter me tirado alguma coisa. Só preciso ter um pouco mais de cuidado para que isso não venha a acontecer mais à frente...

Você adiou seus planos originais, de ter filhos, por exemplo, por conta desse momento da empresa? Ou você pensava em ter filhos mais tarde?

Adiei.

Em algum momento você sentiu receio de ficar vaidosa com o sucesso?

Não, sempre fui muito consciente, pela minha educação, valores e princípios; acho que isso nunca vai acontecer. É tão bacana uma pessoa ser como ela sempre foi, independente do que conquistou.

Como você escolhe seus colaboradores hoje? Qual é o critério número um, o que você observa?

O critério número um é saber se o candidato é uma pessoa comprometida, vestirá a camisa da empresa, se é uma pessoa correta, ética!

Então, pelo que você está me dizendo, você escolhe as pessoas pelo caráter, e pela competência em segundo lugar?

Com certeza. A competência a gente consegue desenvolver. O caráter faz parte da pessoa.

O que você considera fundamental para alguém que queira abrir o próprio negócio?

Primeiro, saber o que quer, ter foco, objetivo. Segundo, acreditar, ter fé, garra, persistência e determinação. Terceiro, ter prazer, gostar do que se faz.

Quando a última página da existência for virada, o que você gostaria de ter deixado como legado pessoal? E profissional?

Eu realmente pretendo ter feito a diferença na vida das pessoas que tiveram contato comigo. Amo viver, tenho muitos planos e sonhos a serem realizados. Quero passar pela vida e deixar minha marca, primeiro na vida das pessoas que estão à minha volta para que se lembrem de mim como uma pessoa batalhadora, que ama o que faz.

Dê três conselhos para alguém que está começando a empreender...

Primeiro, pense lá na frente, qual seu objetivo, o que você quer. E trace o caminho passo a passo para alcançá-lo. Um plano de negócios para chegar lá.

Outro conselho é procurar se informar e ter muito conhecimento sobre a área em que quer atuar, para não cair de paraquedas no negócio. Conhecimento nunca é demais. Em algum momento você vai usar aquele conhecimento que ainda não utilizou.

Terceiro, fazer algo que te dê prazer, que não seja um peso, fazer do seu trabalho algo prazeroso, um "lazer" para você.

Como você vê Deus na sua vida?

Uma coisa que eu prezo bastante em minha vida é a religião. Tenho muita fé, isso tem um peso grande na minha vida, para amenizar a ansiedade, o medo. Hoje minha terapia é Deus, fazer o bem, ajudar quem está perto; fico feliz de falar que fiz algo positivo, fiz a diferença na vida da pessoa, mas dedico um pouco do tempo para realizar algum trabalho voluntário.

Você quer comentar um pouco sobre o trabalho voluntário, dizer o que faz?

Para eu doar em termos financeiros é fácil, o mais difícil é em termos de tempo. Um trabalho que faço há um bom tempo, desde quando eu retornei para Três Pontas, minha terra natal, é junto a um asilo, um lar de idosos. Sou farmacêutica voluntária ali, mas vejo que o remédio é o de menos, eles precisam de afeto, de carinho. Sempre procuro ajudar dessa forma.

Quando você conversa com Deus, o que diz a Ele?

Que Ele me permita viver e conseguir realizar o que eu tenho em mente. Pois assim conseguirei ajudar os outros, as pessoas à minha volta, o meu país. Que Ele me dê saúde, alegria de viver, e me ajude a dosar a ansiedade para levar meus projetos adiante.

Luiz Piccoli, 41 anos
Empresa: Cless

Ser um entrante bem-sucedido no mercado brasileiro de cosméticos nos primeiros anos do novo milênio não era uma tarefa fácil. De um lado, as multinacionais já com forte participação de mercado, sempre buscando agressivamente a ampliação desse share; de outro a indústria nacional com um grande número de players, muitas vezes com sua rentabilidade baseada na informalidade, com práticas comerciais que dilapidam o valor das categorias em que atuam. Para completar, uma taxa de crescimento duas ou três vezes superior ao PIB que fazia brilhar os olhos de alguns empreendedores, mas também de aventureiros que entravam de maneira desestruturada e desestabilizavam o mercado em suas inevitáveis e atabalhoadas saídas.

A leitura minuciosa desse momento do mercado permitiu estabelecer um cenário futuro no qual não seria fácil, mas havia espaço para uma empresa 100% formal, baseada em uma gestão profissional, fundamentada em agregar valor para as partes relacionadas e com uma estratégia de atuação em nichos de mercado que proporcionassem a uma indústria nacional espaço para a inovação e para oferecer produtos de qualidade a preços justos e ainda obter uma participação relevante desses mercados sem abrir mão da rentabilidade.

Assim surgiu a Cless, em setembro de 2004. Em sua trajetória, adquiriu marcas hoje com mais de vinte anos de atuação no mercado brasileiro, como Charming, líder no segmento de hair sprays e lightner, que junto com a Care Liss, marca lançada pela Cless, proporciona à empresa a liderança incontestável no mercado de descolorantes para os cabelos e pelos do corpo. Além dessas marcas, Essenza é a marca da Cless que atua em uma das mais dinâmicas categorias do mercado: alisamento dos cabelos. A credibilidade conquistada ainda proporcionou a manutenção da representação da Bigen no Brasil. Essa marca japonesa, presente em mais de setenta países, pertence à centenária multinacional japonesa Hoyu, líder asiática em coloração. No Brasil, a Cless mantém a vice-liderança no segmento de tintura em pó, colocando o Brasil em destaque entre os três principais mercados mundiais da Hoyu.

Essas e outras realizações são frutos do compromisso de agregar valor às partes relacionadas e propiciaram à empresa quadruplicar de tamanho desde sua fundação, atingindo faturamento de R$ 150 milhões em menos de dez anos. Os planos para o futuro não são menos ambiciosos. A Cless mantém o firme propósito de crescer acima da média do mercado para os próximos cinco anos. Daqui em diante, baseada na nova plataforma de comunicação que sumariza sua atuação: Cless, beleza que completa.

Piccoli, você é um exemplo de intraempreendedor que se tornou empreendedor. No seu período de intraempreendedor, foi um grande batedor de metas e ganhador de premiações. Conte-nos sobre esse período e suas características, estratégias e táticas que o conduziam a esses excelentes resultados.

Sou de origem humilde e fui um profissional de carreira. Entrei em uma multinacional pela "porta do fundo", na função de escriturário (já naquela época, os trainees é que tinham mais possibilidades de crescer profissionalmente). Ganhava pouco e precisava construir uma carreira. Precisava chamar a atenção da minha liderança para crescer, então ficava bastante atento para entender do que a organização precisava (algo que muitas vezes não estava claro nem para meus superiores). Essa busca, e o consequente entendimento que ela me proporcionava, me permitia, já na área comercial, bater as metas com mais facilidade, ganhar as premiações (fundamentais para me estruturar na vida pessoal) e construir uma possibilidade de crescimento profissional. Determinação, vontade de me desenvolver, ousadia, humildade e algum sacrifício foram fundamentais nessa fase.

Luiz Piccoli é um exemplo de intraempreendedor que, posteriormente, empreendeu em seu próprio negócio. Sua resposta a essa primeira pergunta é um exemplo, vivido na prática, de **ownership**, comportamento que definimos como sendo "agir como dono". O **ownership** caracteriza o comportamento intraempreendedor e, no caso dele, o nível de dedicação e comprometimento superava, em inúmeros momentos, o dos seus superiores e, em determinadas fases de sua carreira, que conheço de perto, o dos próprios donos das companhias para as quais trabalhou.

Ainda no seu período intraempreendedor, você foi responsável por um extraordinário *turnaround,** assumindo a gestão de uma empresa que estava deficitária, revertendo a situação e colocando-a em uma trajetória progressiva de crescimento. Como foi essa experiência? O que você aprendeu com ela? Quais foram os maiores desafios?

Foi uma experiência muito difícil, mas maravilhosa. Foi um MBA de empreendedorismo. Nessa fase, tive a oportunidade real de montar um plano de negócios e desenvolvê-lo. O desafio era retirar a empresa de uma situação financeira desfavorável, reencontrar a lógica do negócio e recuperar sua credibilidade no mercado. Essa fase me ensinou muito sobre coragem, crença nas possibilidades, planejamento simples e objetivo e, acima de tudo, determinação.

Em sua carreira de intraempreendedor, tendo conseguido fazer esse *turnaround,* em algum momento você sentiu que sua competência incomodou ou gerou boicotes por parte de outros profissionais e/ou proprietários da referida empresa? Você acredita que muitos intraempreendedores terão que lidar com o medo alheio da competência? Como lidar com essa situação?

Numa sociedade que "valoriza" o pouco esforço, bons resultados conquistados através do esforço do trabalho diferenciado sempre incomodam. Fui bastante boicotado, mas estava atento aos detalhes, à leitura do entorno (sem distorções) e, sobretudo, focado nos resultados que realmente interessavam à organização.

---

* *Turnaround* é a expressão conceitual que utilizamos quando uma gestão atuante e competente é capaz de dar um giro de 180 graus na trajetória de uma companhia. No *case* citado, Luiz Piccoli assumiu a direção da companhia em precaríssima situação financeira (altamente deficitária) e administrativa e realizou um trabalho, recuperando a credibilidade junto a todos os colaboradores, fornecedores, representantes e clientes. Restaurou os conceitos-chave — visão, missão, crenças e valores dos negócios — e reconduziu a empresa à lucratividade crescente.

> Presenciei os fortíssimos boicotes que Piccoli sofreu na época. Cabe ressaltar que, mesmo diante do clima de boicotes e diversas injustiças, em nenhum momento ele abriu mão do comprometimento com a companhia, agindo sempre com legitimidade e dignidade inabaláveis. Separou as ações particulares de boicote, oriundas de diversas pessoas, de seu compromisso profissional, indo além dos limites aos quais chegariam muitas das pessoas mais resilientes* que possamos conhecer. A tentativa de minar seus progressos foi tamanha que me levou a escrever na época o artigo "Quem tem medo da competência?". Aqui temos um importante alerta para intraempreendedores: embora necessária para a organização, nem sempre essa competência é bem recebida e apoiada pelos pares e superiores. Temos que estar preparados para isso!

Em sua opinião, quais os fatores que mais motivam um intraempreendedor?

Entender o plano da organização em que trabalha e como ele pode contribuir de maneira efetiva para esse plano, no raio de ação de que ele participa.

O que o levou a querer ter seu próprio negócio? O que o levou a ser empreendedor?

Eu sempre me senti muito bem como intraempreendedor. Sentia-me empreendendo numa organização em que eu fazia a diferença, tinha status, uma boa remuneração, respeito do mercado etc. A opção pelo meu próprio negócio, na verdade, foi a falta de opção. Já enquanto CEO na empresa anterior, atravessei uma grave crise (fruto de uma consultoria externa sem escrúpulos). Nessa oportunidade, um amigo (sócio de um Equity**) me convidou a

---

* Resiliência é a capacidade de enfrentar pressões e retornar ao equilíbrio emocional necessário para a plena realização da vida cotidiana.

** Equity são organizações ou fundos de investimentos destinados a investir em

construir uma nova empresa. Montei um *business plan*, e assim começou o sonho Cless.

O que levou à opção por esse segmento de mercado?

A minha trajetória profissional foi me direcionando para o mercado de consumo e, posteriormente, para o setor de beleza. Acabei me apaixonando, e hoje é o que sei fazer melhor.

Você recorreu a algum órgão ou entidade que dá assistência a novos empreendedores para criar o modelo e o projeto do negócio? Sentiu falta de apoio nesse período?

Honestamente, nesse sentido sempre fui autodidata. Na verdade, minha formação profissional multidisciplinar e a atenção que dei a cada fase dela me ajudaram sobremaneira nessa iniciativa de empreender meu próprio negócio.

A multidisciplinaridade é um ponto muito importante para empreendedores e intraempreendedores. Quanto melhor transitarmos pelas diferentes áreas conceituais que compõem o universo de negócios, melhores serão nossas condições para enfrentarmos os desafios da realidade que, ao contrário do mundo acadêmico, não nos aparecem divididas em disciplinas isoladas, mas sim em condições complexas e interdependentes.

Quais foram as maiores dificuldades encontradas antes da inauguração do negócio?

Escassez de capital (foi uma grande aposta), prospecção de pessoas (honestas e competentes) que acreditassem na ideia e dimensionamento e criação da infraestrutura.

---

empresas que ainda não participam da Bolsa de valores com a finalidade de obter lucros ao acelerar o seu desenvolvimento.

Quais foram as maiores dificuldades encontradas no primeiro ano de negócio?

Encontrar a resiliência nas pessoas para enfrentar os erros de uma operação recém-inaugurada. Como empresa do setor de consumo, a operação já nasceu relativamente complexa, e assim também os problemas gerados por qualquer deslize na operação.

> Esse ponto é muito importante. Quando iniciamos o negócio com capital escasso, nossa margem de erro fica bem mais delimitada e estreita. Isso requer de nós muito cuidado, pois pequenos deslizes na operação do negócio podem tomar proporções muito graves.

Foi mais fácil ou mais difícil do que você imaginava no início?

Na verdade foi tanto trabalho que nem percebi. O desafio era tão grande que tomei o cuidado de não medir o grau de dificuldade pontualmente. Tínhamos um bom mercado, um bom plano, um bom nível de competência e credibilidade e muita determinação de construir. Então cada dificuldade era, na verdade, um estímulo à superação.

Quanto tempo você trabalhou no seu plano de negócios antes de lançar a marca Cless?

Objetivamente o desenvolvimento do plano de negócios da Cless levou um ano (da montagem do *business plan* até o seu *startup*). Mas, na verdade, eu me preparei a vida toda para aproveitar as oportunidades. Quando surgiu a possibilidade da Cless, os conceitos estavam bem fundamentados, e esse um ano de planejamento e estruturação permitiu o lançamento de uma empresa com bons fundamentos desde o seu início.

> Observe, comparativamente, que a experiência e maturidade já adquiridas anteriormente, junto com o conhecimento do mercado, permitiram que Piccoli progredisse mais rápido do projeto e plano de negócios até a fase *startup* (início do negócio).

Quais foram as maiores dificuldades para começar a empreender: as internas (ansiedade, medo, estresse) ou externas?

Sempre tive o cuidado de fazer autoavaliações frequentes para ter a melhor medida sobre minha real competência. Seguro de que tinha bons fundamentos para o desafio, seguia em frente. Desse modo, nunca dei oportunidade para desânimo (gerado por ansiedade, medo, estresse). Talvez as dificuldades externas tenham sido as mais desafiadoras, para superar um mercado com valores frágeis e construir uma estrutura e uma coerência de negócio que gerassem credibilidade.

Em sua opinião, quais os fatores que mais motivam um empreendedor?

Sem dúvida é a possibilidade de construir! De gerar novas oportunidades! De contribuir para o desenvolvimento da sociedade. De agregar valor para as inúmeras relações que uma empresa é capaz de construir. E, sobretudo, de poder contribuir com o desenvolvimento das pessoas. Meu grande combustível é olhar para o lado e ver minha equipe se desenvolvendo, pessoal e profissionalmente.

Aqui encontramos uma excelente exemplificação da real motivação do empreendedor. Quando estudamos, de perto, a vida de empreendedores de muito valor pessoal, pessoas que construíram suas histórias baseadas em caráter, crenças e valores sólidos, sempre encontramos esse prazer intrínseco de ver as pessoas ao redor crescendo conjuntamente, à medida que a causa avança. Essa é uma importantíssima fonte de inspiração para todos os que acompanham as reflexões propostas neste livro.

Quais as habilidades e competências que você julga fundamentais para alguém que deseja ter seu próprio negócio?

Planejamento, organização, inovação, liderança, tônus, resiliência e agressividade.

Como escolher os colaboradores certos? Qual a maior dificuldade que você já enfrentou com colaboradores?

Essa é a pergunta de um bilhão de dólares. O desafio é conciliar a boa capacitação técnica com o perfil adequado para a posição e o alinhamento de valores do candidato com os da organização. Conseguir o entendimento dos colaboradores sobre a estratégia e os objetivos da empresa é o grande desafio de qualquer empreendedor. Não se obtém o compromisso do grupo sem que ele entenda o sentido e o propósito do que está fazendo. Conseguir esse alinhamento em todos os níveis da organização é algo extremamente difícil, mas ao mesmo tempo fundamental para o sucesso de qualquer negócio.

Em que momento você descobriu que precisaria de outras pessoas com competências diferentes das suas para a gestão do negócio?

Ter humildade para isso é fundamental. Desde que comecei a liderar times sempre tive a preocupação de contratar pessoas com mais habilidades do que eu naquela determinada posição.

Durante minha trajetória profissional aprendi que o líder é tão bom quanto o time que ele é capaz de construir.

> Lembra do capítulo "O empreendedor não é um herói solitário"? Pois é, eis aqui mais um exemplo da importância de contratarmos pessoas de bom caráter, igualmente ou mais competentes que nós. Não se permita formar uma equipe mediana, busque sempre formar uma equipe excelente, a melhor que as circunstâncias permitirem, especialmente no que tange à qualidade e ao comprometimento das pessoas. Mobilizadas pela causa certa e inspiradas pelo líder certo, elas buscarão todas as competências técnicas que porventura venham a faltar. Excelentes líderes formam excelentes times!

Piccoli, sei que você formou uma espécie de conselho para decisões. Conte-nos sobre ele.

Desde que assumi minha primeira posição de CEO, montei uma equipe que chamo de Comitê Gestor. É um grupo multidisciplinar, de pessoas seniores da organização, com o qual divido as decisões da companhia. A discussão nesse ambiente favorece a tomada de decisão, sempre considerando os impactos para toda a cadeia.

Qual a estratégia que você recomenda para conquistar e fidelizar clientes?

É sempre importante um olhar corporativo com o "foco do cliente". Muitas empresas anunciam em suas políticas "foco no cliente", mas suas decisões e ações desviam-se e pouco vão nesse sentido. A melhor maneira de conquistar e fidelizar clientes é agregar valor a eles.

Como você observa os movimentos dos concorrentes? E como se posiciona com relação a esses movimentos?

Monitorar a concorrência é necessário, mas nem sempre útil, se essa for a estratégia para se manter no mercado. Se quiser crescer então... Temos uma atitude proativa focada na inovação de produtos e processos.

> Aqui, Luiz Piccoli adverte para o equívoco de muitas empresas ficarem excessivamente focadas na concorrência e na prática exagerada e distorcida de benchmarking (observação e comparação do que estamos fazendo versus o que a concorrência está fazendo, que frequentemente acaba distorcida em cópia do que fazem os concorrentes). Ele, com sabedoria, adverte que estarmos focados no desenvolvimento de nossos próprios diferenciais, estratégias, produtos e inovações é mais produtivo do que meramente observar e seguir os movimentos da concorrência. Jamais esqueçamos a característica inovadora do empreendedorismo.

Quais os ideais, as crenças e os valores que norteiam o seu negócio?

Uma coisa de que tenho muito orgulho é a perenidade de nossas crenças e valores. Este ano construímos no 3º Plano Plurianual. Sempre que realizamos um planejamento de longo prazo revisamos esses princípios. E enxergamos nossa proposta de agregar valor para todos os *stakeholders* sempre muito pertinente. Agregar valor aos relacionamentos é a maior contribuição que uma companhia pode gerar para a sociedade. É nisso que está a verdadeira beleza. O slogan da Cless é: Cless — beleza que completa. Complementar algo, em qualquer coisa que fazemos. Essa é a beleza que acreditamos e buscamos todos os dias.

Existem ou existiram membros de sua família que trabalham/trabalhavam na empresa? Isso influencia sua maneira de dirigi-la? Você pode descrever e avaliar essa situação para ajudar outros empreendedores?

Particularmente na Cless, nunca trabalharam membros da família. Não tenho nada contra, desde que a pessoa tenha real competência para as atividades assumidas e consciência da importância da sua posição na empresa.

Além desse empreendimento de sucesso, já teve algum outro empreendimento que não deu certo?

Comprei uma marca de eletrobeleza que não deu certo, e montei duas empresas para trabalhar em mercados suplementares ao mercado de beleza. Todas tiveram uma "vida útil" de aproximadamente um ano. Quando se monta um novo negócio, é essencial ter bom planejamento, com objetivos claros para a verificação constante das possibilidades de êxito futuro. Se suas apurações não forem razoáveis, caia fora!

Este conselho é fundamental: devemos saber a hora certa de sair de determinado negócio para que ele não prejudique gravemente nosso fôlego de começar um projeto novo e melhor. Não devemos confundir persistência com teimosia...

Como você se prepara em relação ao futuro? De que forma obtém informações sobre o que acontece e sobre o que poderá acontecer no mercado?

Construímos uma relação de respeito e credibilidade no mercado. Isso nos permite construir um bom network. Em minha opinião, uma fonte riquíssima de informações pertinentes e alinhadas com o interesse do nosso ramo de atuação.

Nas feiras internacionais de cosméticos, você vai pessoalmente ou delega isso a alguém?

Procuro sempre estar presente. É importante ter a sua própria percepção das tendências. Mas também levo sempre executivos do negócio comigo.

Você frequenta palestras, workshops e seminários? Isso é importante?

Participo, apesar de ser muito seletivo. Quando o assunto e o conferencista são pertinentes, contribui.

E leitura? O que você lê, qual é o estilo?

No dia a dia acabo lendo mais revistas de negócios para ficar informado sobre os movimentos de mercado e tendências de gestão. Gosto de livros sobre gestão e histórias empresariais de sucesso. Meu último livro foi *Vencedoras por opção*. O próximo livro que quero ler é *Sonho grande*.

O que mais o influencia?

Na maioria das vezes, histórias de superação e construção.

O que é sucesso para você?

É colocar uma meta futura (seja pessoal ou profissional) e buscá-la diariamente, sem descanso, até alcançá-la. Encarar as dificuldades como uma oportunidade de me fazer melhor! É fazer o esforço (que às vezes é bastante grande) valorizar ainda mais a conquista. Sucesso é você evoluir e permitir que as pessoas ao seu redor também evoluam.

Quais características da sua personalidade e temperamento você acredita que mais contribuíram para o seu sucesso? Quais as que você sente que ainda oferecem algum obstáculo?

Determinação e ausência de preguiça. Tônus é fundamental para a construção de um projeto empresarial. Ansiedade e agressividade não contribuem para o entendimento dos times do que é necessário fazer. Procuro trabalhar bastante esses pontos.

Você acha que sua postura determinada assusta um pouco seus colaboradores? Por quê?

Muitas vezes essa postura é confundida com ansiedade. O problema é que trabalho numa carga horária um pouco maior do que as outras pessoas, e isso pede um pouco mais de ritmo aos times. A questão é que a oportunidade não avisa quando vai chegar, e precisamos estar preparados.

Qual é o seu propósito de vida?

Deixar o legado da construção de uma companhia que privilegie a vontade de seus colaboradores se desenvolverem. Que através da meritocracia e de uma conduta honesta, pessoas que tenham talento e tônus possam "utilizar" a empresa para se desenvolver e contribuir para que outras também se desenvolvam.

Quais são as pessoas que mais o inspiraram no início e quais as que inspiram hoje? O que mudou nesse sentido com o amadurecimento?

Meu pai sem dúvida foi meu grande exemplo — pessoa íntegra, humilde, batalhadora... Foi a pessoa mais trabalhadora, correta e apaixonada em construir que eu conheci. Sua atitude de vida me ensinou a não desistir nunca (saudades!). Histórias de competência alinhada a bons princípios também me inspiram, como a sua, por exemplo. O amadurecimento nos traz uma autocrítica mais apurada. Se estiver atento à humildade necessária para ouvi-la, pode ajudar bastante.

Você teve um sonho, o colocou em movimento, criou a empresa e foi para o mercado. Nós sabemos que o mundo real do mercado não é tão poético, tão bonito quanto imaginamos. Qual foi sua maior decepção no confronto entre seus sonhos e a realidade do mundo dos negócios, enquanto empreendedor e não mais intraempreendedor?

O mercado é muito hostil. A pressão por resultados e/ou sobrevivência faz aflorar os piores comportamentos de pessoas e empresas... Daí termos um mercado de valores frágeis e uma concorrência muitas vezes desleal. O ponto é que não vale tudo para conquistar o mercado. Crescer com ética e bons valores é fundamental.

Hoje você já estabeleceu um processo para se proteger um pouco mais com relação a isso? Sua experiência já o fez mais defensivo com relação a certos parceiros, sócios, executivos, novos fornecedores?

Ter clareza dos objetivos e ficar atento aos detalhes têm me ajudado muito. Esse binômio permite ver a real intenção do seu interlocutor.

Você considera que tem muito feeling? Qual a importância do feeling para ser um bom empreendedor?
Algum. Ter feeling faz parte, mas prefiro tomar minhas decisões baseadas em dados de verificação. O feeling para mim pode ser traduzido como experiência empírica de anos de trabalho (isso sem dúvida ajuda). Alguns traduzem feeling como intuição simples. No mercado maduro de hoje, isso me parece muito arriscado.

Embora possamos sempre obter diferentes definições sobre feeling (espécie de sensibilidade), oriundas de diferentes perfis de empreendedores, devemos estar sempre atentos para ampliar a nossa própria percepção dessa característica humana. Aqui, Piccoli nos traz duas importantíssimas contribuições: a primeira é que parte do que chamamos de feeling provém da maturidade obtida com nossos estudos e práticas, com a ampliação do nosso nível de consciência no universo das relações e dos negócios. Essa definição mais pragmática de tal sensibilidade é muito útil para que não nos deixemos encantar pela vertente menos pragmática, que atribui à inspiração uma origem unicamente transcendente, algo que apenas nos surge. Com isso não negamos as possibilidades e particularidades transcendentes da inspiração e intuição, mas agregamos o seu aspecto mais prático, oriundo da dedicação e do desenvolvimento contínuos. A segunda reside justamente no conselho para checarmos nosso feeling por meio de todas as fontes de informação confiáveis e relevantes disponíveis. Assim como a intuição é também uma segunda natureza do processo de desenvolvimento da nossa inteligência, devemos recorrer à razão, aspecto central do desenvolvimento de nossa inteligência. Intuir e checar é sempre um método prudente e recomendado para um mercado tão dinâmico quanto o nosso.

Você já contrariou os dados e as estatísticas alguma vez, por um feeling muito forte, e se deu muito bem?

Não posso dizer que foi somente por feeling, mas um misto de conhecimento e determinação. A construção da Cless foi uma aposta! Se tivesse me atido somente a dados e estatísticas, talvez não fosse em frente. Foi preciso coragem.

Reveja meus comentários sobre a resposta anterior e reflita aplicando-o a essa resposta de Luiz Piccoli. O exercício lhe permitirá observar, na sequência, como a intuição e a checagem dos dados interagem com nossas convicções internas, que também são um dos componentes do feeling. Mais que uma intuição, essas convicções, muitas vezes, nos dizem que, embora as chances não estejam tanto a nosso favor quanto gostaríamos, a coragem de apostar no sonho deve ser colocada em prática. Nossas convicções nos dizem, de certa forma, que podemos enfrentar as estatísticas e vencer. Esse tipo de conhecimento intrínseco que possuímos é algo que precisamos aprender a observar atentamente. Compreendido, é uma poderosa alavanca para nossa coragem; não compreendido, nos torna meros aventureiros...

Você teve algum momento crítico de desânimo, depressão, ou pensou em desistir em algum momento?

Isso nunca passou pela minha cabeça. Quando você se coloca um objetivo e se planeja para ele, não pode permitir se distrair com sentimentos como desânimo e depressão. Crescer demanda forte resiliência e persistência.

Alguma vez sentiu o peso da competição dentro do relacionamento afetivo, em termos de status, poder etc.?

Não.

Família, filhos, onde e quando entram essas questões na escala das prioridades?

O suporte da família é muito importante. É um exercício diário calibrar o tempo e a atenção entre os negócios e a família. Tenho procurado colocar mais qualidade no tempo de convívio com meus familiares.

Você escuta as opiniões de seus colaboradores?

Sem dúvida, a "ouvirtude" (a virtude de ouvir com atenção, ou seja, escutar) é muito importante para meu desenvolvimento pessoal e para os negócios. É um exercício de humildade, mas que ajuda muito até para entender se existe uma dislexia entre os planos da empresa e a leitura dos colaboradores.

Como você lidera as pessoas? Qual é sua característica enquanto líder?

Procuro orientar o grupo pela meritocracia — tarefa não muito simples para uma empresa jovem. Esse modelo demanda uma grande organização e consistência. Sou delegador, exigente e trabalho muito para fazer com que os líderes entendam o sentido e o propósito do negócio, para permear toda a organização.

A quais fatores você credita o sucesso de seu negócio? De que forma você explica o seu sucesso?

Basicamente à credibilidade. Meu pai dizia: "Um homem não precisa de dinheiro, precisa de credibilidade". A coerência na condução dos negócios no tempo é a grande mola propulsora para o nosso crescimento. O respeito adquirido no mercado nos dá a confiança de que vamos ter o apoio necessário para implementar nossos projetos futuros.

Manter é mais difícil que conquistar. Você tem medo de algo?

O sucesso incomoda. Na medida em que ganhamos tamanho e visibilidade, somos mais atacados. Faz parte do jogo! A grande preocupação é organizar a empresa por processos. Que ela seja capaz de se proteger e continuar a crescer por meio de processos bem estruturados que possam dar suporte às pessoas que estarão à frente dos negócios.

Você se considera uma pessoa ansiosa? A ansiedade ajuda ou atrapalha você?

Empreender demanda a conciliação de uma série de fatores e interesses. Tarefa nada simples. Precisamos do entendimento e da colaboração de muitas pessoas. Quando esse alinhamento não acontece, compromete a performance. Honestamente, sofro com isso.

A posição do empreendedor é solitária? Faltam pessoas com as quais compartilhar a visão e os sonhos?

Esse é um ônus, sem dúvida.

Você é workaholic? Quantas horas trabalha por dia? E as férias, quando e como você as vive?

Mais ou menos. Trabalho em torno de doze a quinze horas por dia. Já trabalhei mais. Hoje já me dou o privilégio de tirar duas férias por ano com a minha família.

Você sente falta de tempo em seu dia a dia? Para o trabalho ou vida pessoal?

Penso que o ideal seria que o dia tivesse trinta horas. A carga é pesada, mas o cuidado de viver intensamente cada momento do dia tem me ajudado a aliviar esse sentimento de falta de tempo.

Que competências e conhecimentos sobre negócios você gostaria de possuir a mais?

Nunca foi um limitador, mas a falta de fluência numa segunda língua incomoda. Conhecer melhor o ser humano certamente seria muito bem-vindo.

Quais os maiores obstáculos que você julga enfrentar hoje para o contínuo crescimento do negócio?

Estruturar a empresa por processos. Dar consistência na estrutura para garantir que as pessoas tenham clareza e ferramentas suficientes para se desenvolver e desenvolver o negócio.

O que você aconselharia a si mesmo para continuar crescendo?

Manter um alto nível de resiliência, foco no desenvolvimento contínuo dos processos e de pessoas.

O que você gostaria de ter sabido antes que poderia ter evitado um erro significativo ou acelerado seu sucesso?

Estruturar processos e ter KPIS* eficientes antes de delegar a gestão.

Se fosse necessário começar tudo outra vez, o que você repetiria e o que não faria novamente?

Manteria o cuidado de crescer respeitando os princípios e valores da minha formação e respeitando as pessoas e as relações. Ficaria mais atento à real intenção das pessoas que se aproximam do negócio.

O sucesso tirou algo de você que gostaria de ter de volta?

A dedicação quase integral à construção de um grande projeto inevitavelmente o priva do convívio familiar. Se pudesse, gostaria de ter dedicado mais tempo e qualidade à minha família.

---

* KPIS é a abreviatura em inglês para Keys Performance Indicator (Indicadores-chave de desempenho). Esses indicadores permitem medir quão bem compreendidos e executados estão todas as ações e processos referentes ao cumprimento da visão, missão e estratégia, em todos os níveis da organização. Esses indicadores são fundamentais quando a empresa torna-se uma organização mais complexa, com departamentos e subníveis hierárquicos interagindo continuamente. Os empreendedores individuais, micro e pequenos só precisarão se preocupar com essas questões caso se tornem empresas maiores.

Você adiou seus planos originais, de ter filhos, por exemplo, por conta do seu plano de negócios?

Não.

Em algum momento você sentiu receio de ficar vaidoso com o sucesso? Como lidou com isso?

Às vezes a preocupação com o próximo passo e os desafios do dia a dia podem causar um certo isolamento, e isso pode parecer uma forma de vaidade para as pessoas. A vaidade não é inteligente. Ninguém realiza nada sozinho.

Como você escolhe seus colaboradores hoje? Qual é o critério número um que você olha?

Perfil adequado aos valores e princípios da companhia é essencial. Alinhado a isso, buscamos capacitação técnica.

> Observe que aqui, mais uma vez, encontramos a priorização do caráter seguido da competência. Lembrando que competências podem ser desenvolvidas, já mudanças de caráter...

O que você acha fundamental para uma pessoa que queira abrir o seu próprio negócio? Quais as características essenciais para uma pessoa que queira começar uma empresa?

Habilidades como planejamento e controle. Capital de giro e geração de caixa suficiente para suportar desvios inevitáveis. E atitudes como coragem, resiliência, persistência e automotivação.

> Uma imensa maioria de pequenos e médios empreendedores peca muito por não compreender a importância de um bom fluxo de caixa e de capital de giro para a sustentabilidade do negócio. Mesmo que um negócio tenha potencial para gerar uma taxa de retorno sobre o investimento muito significativa, mesmo que seu potencial de geração de riqueza seja muito forte, ainda assim não sobreviverá sem um fluxo de caixa bem estruturado e capital de giro bem dimensionado. Ao fazer seu **business plan**, seja qual for o tamanho do seu negócio, relembre constantemente dessas duas variáveis fundamentais.

Piccoli, você pensa em sucessão? Quais as providências necessárias para o valor que você vem criando não se perder quando você delegar o cargo de CEO?

Sem dúvida, é importante para minha evolução como empresário e para minha equipe. Tenho como meta buscar um CEO de carreira dentro dos quadros da companhia. Deverá ser uma pessoa que conheça e respeite os valores da empresa, e que tenha compromisso em agregar valor a todos os relacionamentos da organização.

O que significa aposentadoria para você? Quando você pretende parar as suas atividades?

Honestamente, me acho um pouco jovem para pensar em parar. De qualquer forma, sempre deverei estar produzindo algo. Mudar o foco de atuação, sim; parar, nunca.

Qual é o papel de Deus em sua vida e em seu sucesso?

Tenho Deus como um amigo fiel. Diante das minhas limitações Ele foi extremamente generoso comigo. Cuido diariamente em agradecer e retribuir essa distinção.

Quando você conversa com Deus, o que diz a Ele?

Agradeço pela distinção e peço sabedoria para me fazer sempre lúcido em minhas decisões.

Deixe uma mensagem final aos leitores.

Viva a vida intensamente! Faça do processo de viver um processo valoroso! Cuide dos detalhes, eles lhe falarão muito. Busque agregar valor sempre às suas relações. Respeitar o conceito da reciprocidade poderá lhe agregar muito. Força e fé!

Recentemente o One Equity Partners, braço de investimento em *private equity* do banco JP Morgan, adquiriu 30,16% da Cless Cosméticos, que continua sendo controlada por Luiz Piccoli como acionista majoritátio e CEO da companhia. Esse fato relevante do mercado deve servir como reflexão a todos os que estão iniciando o empreendimento de um negócio, que, ainda que pequeno em sua origem, pode ser grande em potencial e gigante em oportunidades se for administrado de maneira séria, nobre e coerente. A compra de 30,16% da Cless só vem comprovar a qualidade do trabalho realizado e o reconhecimento internacional de um intraempreendedor que se tornou empreendedor.

Alair Martins, 81 anos
Fundador e presidente do Conselho do Grupo Martins
Empresa: Grupo Martins O Sistema Integrado Martins — SIM

Líder do segmento atacadista-distribuidor brasileiro, o Grupo Martins foi fundado há sessenta anos e construiu uma história de sucesso, tornando-se uma referência na distribuição e no varejo do país.

Ao longo da sua trajetória e com a diversificação e amplitude de seu atendimento em todas as regiões do país, assumiu o papel de integrador da cadeia de consumo. Esse papel foi muito importante para o sucesso do varejo, pois as pequenas e médias empresas brasileiras são vitais para o desenvolvimento da sociedade. A partir dessa realidade, a estratégia do grupo foi organizar-se em um sistema que atendesse às necessidades dos pequenos empreendedores, levando para todo o país as soluções necessárias para ajudar a desenvolver esses varejistas.

Para atuar em sinergia, foram criados um banco destinado a oferecer soluções financeiras; uma universidade corporativa para fornecer soluções de gestão e tecnologia; uma empresa de cartões para soluções de crédito aos consumidores; uma corretora de seguros para soluções de proteção do patrimônio e dos ativos; uma rede de varejo (Smart Supermercados) para promover eficiência em marketing e operações aos filiados; um portal de e-commerce para aproximar os clientes; e uma central de vendas por telefone (Televendas) para as soluções ágeis para compras e contato direto do cliente com a empresa. Além disso, foram implantadas Unidades Regionais de Negócios em áreas estratégicas do país, destinadas a agilizar e aperfeiçoar a prestação de serviços aos clientes.

Ao criar essa verdadeira "indústria de soluções para o varejo", o Sistema Integrado Martins pretende promover o desenvolvimento contínuo de toda a cadeia de consumo, atendendo às necessidades da indústria, de seus clientes e dos consumidores. A filosofia de atuação das empresas Martins é integrar produção e consumo por meio de um sistema de relações de qualidade que capacite seus integrantes para cooperar e competir atuando segundo os princípios da sustentabilidade e gerando resultados consistentes para todas as partes interessadas.

A história de sucesso do Sistema Integrado Martins foi construída com base na prática de um conjunto de valores que permeiam um relacionamento ético, de respeito e harmonia com todos os seus públicos e com a sociedade. Esses valores são:

— Integridade — Amor pelo que faz — Lealdade — Justiça — Inovação — Humildade — Disciplina — Juntos cada um vale mais

Empresas que compõem o Sistema Integrado Martins: Martins Atacado e Distribuição, Universidade Martins de Varejo, Tribanco, Tribanco Seguros, Tricard, Rede Smart, E-Fácil, Form@ar e Iamar.

O que o levou a querer ter seu próprio negócio? Como tudo começou?

De início eu vivi até a idade de sete anos num sítio, tinha muita facilidade em aprender e disse "eu não posso ficar aqui, eu posso fazer mais, eu quero estudar e trabalhar no comércio" e ficava entusiasmado com o movimento da mercearia dos meus tios. Aquilo me encantava. Eu sentia, nitidamente, dentro de mim um caminho a percorrer, uma vocação... E meu pai com medo de mudar para a cidade e nós abandonarmos os valores da família... meu pai e minha mãe eram muito rígidos e, como herança, o que deixaram foi o caráter para todos os filhos. Sou o mais velho de sete irmãos. Meu pai, muito conservador, com medo de perder esse lado bom da vida, de ser pessoa do bem, tinha vontade de permanecer na zona rural, e eu me sentia inconformado com aquilo, insistia com ele. Eu tinha seis para sete anos: e dizia, "o que eu faço aqui não é uma coisa que é valorizada", mas ele não cedia. Quando fiz treze anos, eu mudei de estratégia, pedi a minha mãe que me ajudasse a convencer meu pai. Consegui convencê-lo aos dezessete. Meu propósito era ser um comerciante, na época não se falava em empresário, se o termo existia, não era comentado. Eu achava bonito o movimento e tinha o propósito de ser uma pessoa do bem. Eu fiz uma proposta para meu pai. Vamos mudar para a cidade, um meio de pessoas mais evoluídas.

Como o senhor venceu essa resistência inicial de seu pai? Os primeiros tempos foram muito difíceis?

Movido sempre pelo propósito de fazer o bem, eu fiz um compromisso com meu pai de preservar os nossos valores. Quando começamos a mercearia, eu fiquei tão feliz, entusiasmado, que minha mocidade foi o trabalho, eu não tive tempo para curtir essa vida dos jovens, mas o serviço pra mim era tão gostoso, tão bom, que eu trabalhava dezesseis horas por dia, dez anos consecutivos, inclusive domingo até o meio-dia. Esse foi o começo, uma satisfação imensa! Quando um trabalho é sério, feito com muito amor, o crescimento acontece. Foi uma sensação fora do comum. Nos primeiros cinco anos a inflação era baixa, crescemos em média 70% ao ano, começamos só com o varejo, mas logo, logo, já começávamos a comprar da indústria, para ter preços mais competitivos. Vou dar um exemplo: eu precisava comprar pro meu varejo uma caixa de Kolynos, naquela época o fabricante era a subsidiária brasileira da Wyeth-Whitehall, e a cota para ter preço competitivo era de onze caixas. O que eu fiz? E isso eu fiz com muitos produtos. Eu comprava onze caixas, que eram de madeira, naquela época; a embalagem era muito boa. Eu ficava com a embalagem, vendia o caixote, e com o custo reduzido obtido com a negociação, comprando em quantidade, eu vendia as outras dez caixas para os meus colegas varejistas. Eu ficava competitivo, pois comprava com um preço bom da fábrica, e assim fiz com muitos produtos. Então, comecei a ter preço bom pra vender para caminhoneiros. Eram poucos produtos, uma região de muitos atacadistas, o comércio de Goiás, Mato Grosso, Bahia, a construção de Brasília. Eu oferecia para caminhoneiros comprarem, venderem e pagarem na volta. E com isso foi aumentando nosso poder de compra junto aos fornecedores, porque eu já tinha volume de vendas.

Em que momento o atacado tomou a frente do modelo de negócios?
Já em 1957-1958 eu tinha uma venda em atacado, em termos de valor, maior que a do varejo. Aí eu pensei: atacado pra mim dá mais volume, vai ser mais fácil crescer que no varejo. Assim, permaneci com um misto de atacado com varejo de 1957 até 1964. Eu tinha vendedores só na praça de Uberlândia, para fora eram os caminhoneiros. Aí, em 1964, comecei a comprar caminhões e a colocar vendedores para fora. Nos estados de Goiás, Mato Grosso e Bahia, já tínhamos conhecimento do potencial de vendas, através do fornecimento que eu fazia para os caminhoneiros. Como eu não tinha braço nem capital para manter o varejo e o atacado naquela época, terminei com o varejo e fiquei só com o atacado. E, crescendo bem, até 1972 eu já tinha cerca de cinquenta caminhões.

O crescimento traz um volume de trabalho que ultrapassa a disponibilidade de tempo do empreendedor. Como o senhor solucionou isso?

Na época eu era muito centralizador, acreditava naquilo que estava fazendo, não sabia delegar. Qualidade que eu não aprendi
com ninguém, fui aprendendo com o trabalho. Eu estava muito
cansado e precisava aprender a delegar, senão a empresa não ia
crescer e eu poderia até adoecer. Eu tinha somente auxiliar de
gerente; então, em 1972, tomei a decisão de contratar gerentes,
umas pessoas mais próximas, e fiz mais ainda: dei participação
nos resultados para essas pessoas que eu chamo de "braço direito". Aprendi a delegar.

Sua prática de delegação já nasceu acompanhada de uma prática que
muitas empresas consagradas só iriam adotar muito tempo depois.
Quando surgiu a prática de participação nos resultados?

Sou o pioneiro no Brasil a dar participação nos resultados. Na
década de 80, num almoço lá em casa com Geraldo Caixeta, que
era nosso funcionário, e já estava há uns catorze anos conosco
(começou em 1972 e desde o início já possuía participação nos
resultados), surgiu um assunto que o grupo do banco Garantia,
do Jorge Paulo Lemann, o GP na época, havia sido o pioneiro.
Quando Jorge Paulo Lemann começou, não posso precisar a data,
mas foi no final dos 70. Eu já praticava a participação nos resultados, fui realmente o pioneiro a dar participação nos resultados
para gerentes. Diretor não existia naquela época. Sempre pensei:
a melhor maneira para crescer é a verdadeira integração capital-
-trabalho, então eu tenho o conhecimento, a vocação pro negócio, mas tenho que compartilhar as decisões e os resultados. Não
foi difícil perceber que isso era bom para as duas partes, para as
pessoas e para mim. Tenho como princípio que o que é bom pra
mim tem que ser bom para os outros. Isso foi um sucesso imenso.

O Grupo Martins também imprimiu seu pioneirismo em TI no segmento; como e quando isso ocorreu?

Não sou técnico, não entendo nada, mas gosto de escutar e dar voto de confiança a quem merece, e assim fomos os pioneiros também em utilizar a tecnologia da informação. Em 1975 já tínhamos faturamento, contabilidade, folha de pagamento, foi na época do bureau. Um caso pitoresco, porque ninguém fazia, só as grandes indústrias, ninguém do atacado fazia isso naquela época. Computador era uma coisa misteriosa. Na indústria estava provado que dava certo o sistema financeiro informatizado, mas no atacado ninguém fazia. Eu pensava, vai ser bom para nós. Ficamos durante trinta dias em experiência, fazendo manual e pelo computador, comparamos os resultados: fechou! Fiquei tranquilo e disse: de agora em diante vamos parar com o manual e fazer só pelo computador. Aí, meu filho Juscelino, que estava com dezessete anos naquela época e sempre teve uma tendência para tecnologia, vibrou. O Juscelino se empolgou, passou a ser analista de sistemas, com um ano e meio na área de informática e começou a fazer uma brilhante carreira. Mas naquela época havia a reserva de mercado, era muito difícil, o governo tentou emplacar o "Cobra", equipamento muito ruim que não pegou, e era muito difícil conseguir importação de computadores. Mesmo após eu conseguir, precisávamos de uma controladora. Para consegui-la eu tive que falar com o Ulysses Guimarães, que era o presidente do PMDB, para poder importá-la, era muito difícil. Aí, com essa forte confiança, fomos investindo muito em informática. Nos anos 80, tínhamos equipamentos de grande porte que somente os grandes bancos compravam: Bradesco, Itaú, Banco do Brasil. Bancos médios não possuíam, investimos muito. Sempre acreditando nas pessoas, envolvendo a todos, capital e trabalho, com participação no lucro para todos, demorava mais para implantar...

Outro marco do pioneirismo do Grupo foi seu foco em capacitação do varejo. Oferecendo mais que produtos, o grupo aprofundou o conceito de parceria de forma única; como foi esse processo?

Mercado, credibilidade, tecnologia, isso favoreceu demais o nosso crescimento. Na década de 80 descobrimos que o cliente não estava precisando só de mercadorias. Nosso cliente, o pequeno e médio varejista (o grande é cliente direto da indústria), precisava de conhecimento. Nós entendíamos um pouco de varejo, capacitamos e treinamos muitas pessoas, aqui e também com cursos nos Estados Unidos, para criar a universidade Martins do Varejo. Em 1988, através do desenvolvimento estratégico, criamos a UMV, e o Banco, logo depois, em 1990.

Passamos a ter mais e mais conhecimento do varejo, desenvolver o pequeno e médio varejista. Aqueles que financiávamos através do Martins passamos a financiar através do nosso banco. Tínhamos a solução para nossos clientes.

Nosso vendedor passou a ser um consultor, não temos vendedores para atender ao cliente, temos consultores de varejo. Isso desenvolveu bastante o varejo; com muito trabalho conscientizamos e incentivamos nosso cliente a informatizar. Fomos pioneiros a informatizar o pessoal de vendas em campo. Investimento forte em tecnologia e rotas mais econômicas, através de sistemas de roteirização em que também somos pioneiros no Brasil. Esse sistema nos conduzia a uma economia de 20% de custo na logística, escolhendo sempre a melhor rota. Nem os mapas permitiam que se fizesse isso aqui, como faziam os americanos. Tivemos que utilizar nossos vendedores, motoristas, para buscar informações e tudo, trabalhando juntos com equipe interna e auxílio de consultor para implantar. Depois de implantar, foi sucesso para o Martins, nosso consultor multiplicou para o mercado e foi bom para o Brasil todo! Uma contribuição do nosso pioneirismo, que ajudou o sistema de distribuição do país a ficar mais eficiente.

Isso mudou o mercado. A indústria foi sentindo que, uma vez que já havia uma distribuição melhor, ela não precisava se preocupar muito em chegar ao varejista, porque o atacado começou a atender a essa necessidade. Nosso serviço era o complemento de que a indústria precisava. A indústria produzia e o atacado, cada um na sua área, complementava, estabelecendo uma cadeia de valor.

Assim, nossa empresa cumpre também um papel social, porque desenvolvemos o varejista e o ajudamos com soluções financeiras e técnicas modernas de gestão e treinamentos, entre outras. E para nós é muito bom ver a alegria das pessoas, dizendo: "Olha, eu formei meu negócio, expandi minhas lojas...". É até emocionante; quando termina um treinamento, as pessoas ficam emocionadas, é gratificante mesmo!

Teve algum amigo, alguém que acompanhou uma grande parte desse caminho, a quem o senhor é grato?

Tive um apoio muito interessante na parte financeira. Meu pai tinha muito medo de endividamento, o dinheiro dele foi suficiente só para construir a loja e o mobiliário, não havia capital de giro. Então, pedi emprestado aos meus tios, irmãos da minha mãe, que me ajudaram. Eu comecei a empresa praticamente sem capital. Se não tivesse construído o armazém, eu teria alugado. Meus tios me deram esse voto de confiança, foi um apoio que eu não esqueço.

Já que o senhor nos contou que começou quase sem capital, muita gente diz que quer começar a empreender, mas não tem o capital necessário. O que o senhor diria para esse futuro empreendedor?

Pelo menos tem que ter o conhecimento. Sem conhecimento, não deve arriscar; melhor que seja um funcionário, porque vai trabalhar em equipe, vai aprender com os colegas, com o chefe. Se receber promoção e tiver certeza de que assimilou bem o que aprendeu, e se fez algumas economias ou tiver alguém que pode fazer uma sociedade com ele para completar o capital, ele deve ter um negócio próprio. Mas é muito arriscado, porque a competição é muito difícil, principalmente para trabalhar sério, porque a informalidade é um grande complicador para empresas como nós que trabalham com seriedade. Trabalhar sério neste país é um grande desafio. Se alguém quiser trabalhar ilegalmente, vai se dar mal logo, logo. É preciso dar o passo de acordo com as pernas. É preciso conhecimento, competência e vontade. Não basta só falar que alguém está se saindo bem e que você também vai se dar bem. Às vezes uma pessoa não tem desenvoltura ou boa comunicação, mas tem uma coisa invisível, uma garra, feeling, intuição, para fazer as coisas acontecerem...

Por que o senhor acha que jovens formados em boas faculdades falham com tanta frequência em estabelecer seus negócios? O que falta para eles?

Falta o outro lado do conhecimento; eles têm o teórico, mas não têm a prática. Sem a teoria é muito difícil vencer, mas com persistência, garra fora do comum, se vence. Mas a teoria, na prática, é outra. Muitos confiam apenas na teoria, mas já vi muitos fracassarem com graduação.

É necessário possuir a humildade e aprender com quem tem a mão na massa... Muitas vezes, essa pessoa sabe mais do que quem está na faculdade. Escute essa pessoa que faz o dia a dia, que está na realidade do mercado, escute direto da fonte que possui experiência concreta. Saiba escutar para fazer suas escolhas. Se fosse fácil, os melhores professores também teriam suas próprias empresas, mas não funciona assim...

O senhor acha que as dificuldades para começar a empreender são mais internas ou externas?

Acho que é o conjunto. Tem quer ser perseverante. Não desistir do sonho. Se não tiver essa convicção, você não saberá nem fazer as escolhas das condições para auxiliá-lo. Tem que estar no sangue, uma vontade imensa de vencer!

Foi necessário abrir mão de parte do convívio com amigos e familiares no estabelecimento do negócio? Como foi lidar com esse tipo de cobrança? Isso incomodava o senhor, gerava algum tipo de conflito?

Com certeza, não dá pra fazer as duas coisas. Trabalhar dezesseis horas por dia e querer passear, ter uma vida social compatível. Tem que fazer uma opção. No meu caso, eu optei pelo trabalho. E mesmo a educação dos filhos ficou mais para a minha esposa Wanda, dando sempre muito amor. Com a dedicação do trabalho, sobrava para mim dar as duras nos filhos. Eu fiquei com a parte da disciplina. A parte do carinho ficou mais com ela, que tinha mais tempo para se dedicar a eles...

Na opinião do senhor, quais são os principais fatores que motivam o empreendedor?

São duas coisas. Primeira: ele sentir que está realizando algo de valor, de que ele gosta e tem prazer em fazer.

Segunda: resultado. Se não houver resultado, você não consegue ter as melhores pessoas trabalhando junto com você. Sofri na pele isso. Quando nossa empresa era pequena e tinha colaboradores bons, uma empresa de grande porte vinha e levava. Depois que cresci em resultado, fiz o contrário: contratei funcionários de empresas menores, mas fiz questão de desenvolvê-los aqui; da mesma maneira, requisitamos pessoas competentes das melhores empresas do Brasil para trabalhar conosco.

Mas essa fase, em que o resultado ainda é pequeno, é muito difícil. Você prepara a pessoa, e ela vai embora para o mercado que está sempre em busca dos mais bem preparados. Mas não pode parar de investir em capacitação por conta disso, faz parte do jogo.

Aqui o sr. Alair nos dá o exemplo de visão que deve nortear os pequenos e médios empreendedores, que, frequentemente, se queixam dizendo não adiantar capacitar os colaboradores porque eles partem, cedo ou tarde, para outras atividades e/ou empresas. Quando a cultura de capacitação está disseminada, tanto quem sai da empresa, quanto quem virá a ingressar nela já chega com maior grau de preparação, facilitando o trabalho de toda a categoria profissional. Além disso, se não acreditarmos no valor da educação de nossos colaboradores, estaremos condenados a pagar o preço da ignorância que compromete gravemente os negócios. Capacitação e reconhecimento são grandes aliados na manutenção dos melhores talentos; tenha isso sempre em mente.

O mercado tem notícia de que os colaboradores que retornam ao Grupo Martins depois de passar por outras organizações demonstram uma satisfação muito especial. A que o senhor atribui esse fato?

Aqui temos um tratamento humano, gente é gente. Uma vez lá fora, quando eles veem que a coisa não é bem assim, refletem: "Puxa, eu era feliz e não sabia...". E os depoimentos deles ajudam muito a motivar os outros que trabalham aqui.

Quais as habilidades e competências fundamentais para alguém ter o próprio negócio?

A base tem que ser muito bem estruturada, tem que ter os princípios e valores morais e éticos muito fortes, credibilidade, ser confiável. Um compromisso muito sólido; para contratar uma pessoa, ela tem que ter a certeza de que você vai cumprir com aquilo que prometeu para ela. Com fornecedores também, cumprir sempre o que prometeu. O compromisso tem que ser pra valer: não tem mais ou menos, não existe meio compromisso, somente 100%. Ter amor no que faz, e ter as pessoas boas trabalhando juntas envolvidas com e pela causa. Para que as pessoas não trabalhem somente pelo dinheiro, mas pelo prazer de fazer bem-feito, ver o resultado, o sucesso da causa.

Como escolher os colaboradores certos? Qual a maior dificuldade que o senhor já enfrentou com colaboradores?

Um ponto forte do nosso crescimento é minha facilidade de conhecer pessoas. Quando entrevisto alguém, eu erro menos que 20%, acerto mais que 80%. Escuto muito as pessoas, a coerência delas. Conheço de gente! Isso é o mais difícil para o empresário. Hoje há pessoas especializadas e processos de seleção e mesmo assim é possível cometer falhas.

O melhor jeito de conhecer as pessoas é convivendo, observando as atitudes. E assim mesmo, ao longo dos anos de convivência, você percebe que elas mudam de comportamento; quem não possui formação forte de caráter acaba se desviando...

Durante muito tempo o senhor contratou as pessoas sozinho. Quando surgiu a necessidade de ter um RH para fazer isso?

Década de 70. Logo já fizemos o departamento de pessoas. Eu mesmo capacitei muitos gerentes, diretores etc. Eu gosto de ver e estar com as pessoas. Mas hoje eu me limito mais a falar com diretores e alguns gerentes. Gostaria de falar com muito mais, mas não tenho a mesma disponibilidade de tempo.

> É sempre interessante reservar um tempo para conversar com os colaboradores, ex-colaboradores, fornecedores, clientes, admiradores, conhecidos, familiares de colaboradores do grupo, as mais variadas pessoas que encontra, esteja onde estiver, dentro e fora da empresa. O sr. Alair sempre foi conhecido como alguém extremamente acessível, que dá a todos uma atenção especial, única. Na resposta anterior ele se refere ao tempo de que dispunha antes para se reunir e dialogar sobre o negócio com um número maior de pessoas, interagindo mais com a capacitação e função de cada uma no grupo, o que hoje, dada a dimensão do negócio, não é mais viável na mesma proporção.

Em que momento descobriu que precisaria de outras pessoas com competências diferentes das que o senhor já tinha para ajudar a gestão do negócio?

Como eu não tenho curso superior, minha escola é a da vida. Sempre tive facilidade. O que eu não sei, vou completar com outro. Mesmo alguém com estudo tem que complementar com alguém. Ninguém é dono do conhecimento a ponto de ser autossuficiente, é preciso ter humildade para entender e aceitar o fato de que temos que nos completar com o outro. A minha facilidade fez com que eu, conhecendo a pessoa, fizesse a escolha certa para o lugar certo.

Quais são os ideais, crenças e valores que norteiam o negócio?

Primeiro, tem que ter um propósito na vida. Você quer ganhar dinheiro? Quer fazer algo de que gosta? Algo que lhe dê prazer? Ter um reconhecimento de que o que faz é bom, não só para si como empresário, mas para o país? Tem a obsessão de fazer a coisa bem-feita de maneira a ser boa para todos os envolvidos? Isso dá uma energia fundamental pro negócio!

Gostar do que faz, fazer com amor. Crenças e valores verdadeiramente éticos. Para ter credibilidade você não pode falar, tem que mostrar. Se ficar um só pontinho que não fecha, não funciona...

Existem pessoas da sua família trabalhando na empresa? Isso influencia a gestão de alguma forma?

Olha, no passado tinha mais, hoje, menos. Os parentes estão aqui não por serem parentes, mas porque são competentes. Não tenho preconceito contra parentes, mas tem que ser competente. A regra é a mesma de todo colaborador. Parentesco é uma coisa, trabalho é outra. Parente é lá fora, aqui é tudo trabalho. Os que não deram certo já saíram, só ficam por competência, não por serem parentes.

O grau de exigência com o familiar é o mesmo?

Eu acho que até exijo mais do parente, para ajudar a dar o bom exemplo.

Além da história do sucesso do Grupo Martins, houve algum outro empreendimento em que o senhor não teve o sucesso esperado, dentro ou fora do grupo? Qual foi a razão?

Sim, por falta de conhecimento do negócio. Fizemos o planejamento, a equipe aprovou, no papel foi bonito, mas na prática não se confirmou. Fechamos algumas empresas que não deram certo. Perdemos dinheiro, mas não perdemos um capital significativo, descapitalizou um pouco, mas nada que viesse a prejudicar o nosso desenvolvimento. Passou, foi o preço do aprendizado. Para começar um novo negócio, é preciso ter muito conhecimento; se não tiver um bom domínio, não terá competência para concorrer com quem está há mais tempo na área.

Isso é muito importante, porque as pessoas acreditam que, quando se tem competência, experiência e sucesso já realizado, tudo vai dar sempre certo, na base do "toque de Midas". Mas a realidade comprova, como o senhor nos contou, que não é assim. Além disso, também não dá para "transplantar" a competência que funciona bem num segmento para outro, não existe essa transferência plena e simples, não é?

Alguma coisa coincide, mas nem tudo. É preciso ter o pleno conhecimento.

Como é que o senhor se prepara com relação ao futuro, como obtém informações sobre o que pode acontecer no mercado? O senhor acredita mais nos jornais, televisão, revistas, ou nos relacionamentos, e de alguma forma, por meio deles, vai mapeando o futuro?

Os relacionamentos ajudam no futuro, mas utilizamos todos os meios de comunicação e consultoria. Temos uma boa ajuda com a consultoria, mas complementamos com o conhecimento e o desenvolvimento da equipe, que conhece melhor o nosso negócio, nosso dia a dia.

Porque não basta fazer um projeto, o mais difícil é a implementação. Se não estiver preparado para implantar adequadamente, o projeto não funciona.

> Eu costumo brincar dizendo que: "consultor é o cara que pede o seu relógio emprestado para lhe dizer que horas são". O consultor traz uma contribuição, pois não está com o olhar condicionado, vê com mais distanciamento, isenção, com o olhar de fora, além da bagagem que vem acumulando no trabalho com outras organizações, frente aos mais variados desafios; isso é bom, mas não é o remédio para todos os males. Quem está dentro da organização, por sua vez, conhece minúcias e particularidades que os de fora não conhecem. É uma relação de mão dupla para o êxito da consultoria. Dentro do que foi dito há duas reflexões fundamentais para os novos empreendedores: a) é fundamental cruzar as contribuições oriundas da consultoria com a experiência e vivência de quem faz o dia a dia do negócio; b) o empresário tem que ter a consciência de que o consultor não pode decidir por ele, tampouco implementar o projeto sozinho.

Sr. Alair, já aconteceu, em algum momento, de todas as pessoas do conselho serem favoráveis a uma decisão, e ainda assim a sua intuição dizer "não, não é por aí" e o senhor precisar contrariar o colegiado?

Aconteceu, em 2000. Na onda de comércio eletrônico, pontocom, muitas pessoas, o mundo todo perdeu muito dinheiro com isso. E eu não sentia que era o momento para investir na comercialização eletrônica, até porque a quantidade de usuários ainda era muito pequena, principalmente no Brasil. Investimos um pouco, perdemos algum dinheiro, mas muitas outras empresas perderam bastante dinheiro. Meu sentimento dizia que isso era para o futuro, ainda não havia tantos computadores, as pessoas não tinham o hábito de usar a tecnologia, então como é que esse negócio poderia ser tão bom assim? Se a gente fosse na onda daquele entusiasmo, teríamos perdido muito dinheiro. Mais recentemente investimos nisso, porque agora a quantidade de usuários é bem maior, é outro momento.

Existe fórmula para o sucesso?

Não existe fórmula para o sucesso. Sucesso é o que se faz com o propósito de ser mais assertivo e alcançar os resultados almejados. Não tem fórmula e não é por acaso. Tem que preparar, acreditar, encontrar as pessoas certas, fazer os investimentos adequados, e fazer tudo da melhor forma possível. Se faltar alguma coisinha, você pode perder todo o esforço anterior.

Poderíamos afirmar, de certa forma, que sucesso é consequência?

Sim, é. Temos que acreditar que é possível e também, se pintar alguma coisa não prevista no percurso, que precisamos corrigir. Nada é 100%, cada novo momento pode mudar as coisas...

> É preciso ter a coragem e a humildade de mudar de caminho sempre que necessário.

Sr. Alair, quais características da sua personalidade e temperamento o senhor acha que mais contribuíram com seu êxito?

O forte compromisso que tenho com meus pais para com os valores morais, a credibilidade, tudo isso é muito forte. É uma abertura para qualquer coisa, para relacionamento com sistema financeiro, fornecedores, clientes e colaboradores. Em tudo, a credibilidade tem que ser 100%. Isso é fundamental.

O senhor acha que essa questão da persistência é uma característica do temperamento que contribuiu para o senhor chegar aqui?

Contribuiu. Em algumas empresas deu prejuízo que poderia ser evitado, por ser persistente. Já paguei muito caro por ser persistente, mas também já ganhei muito dinheiro por isso. Não tem uma regra sobre até que ponto é bom ser persistente. Mas eu prefiro errar por ser persistente a desistir muito fácil.

Observemos que o sr. Alair nos fala sobre o benefício de ser persistente mesmo que durante um período estejamos equivocados, comparado à desistência precoce. Tanto na vida quanto nos negócios temos que procurar sempre encontrar a partir de que ponto a persistência se torna teimosia. Como o sr. Alair colocou, não há regra para isso, mas, quanto antes percebermos pela auto-observação e pelos resultados o que estamos obtendo, quando cruzamos essa fronteira, menores serão os riscos de perdas desnecessárias.

A revista Você S/A fez, em uma de suas edições, uma pesquisa que identificava as características do perfil dos empreendedores de grande sucesso, e no quesito determinação o sr. Alair Martins foi citado como um grande exemplo dessa característica.

Houve alguma característica sua que o senhor observou e disse: preciso controlar isso, porque está me atrapalhando?

Olha, eu diria que passei a exercitar mais a paciência, administrando a ansiedade; porque se faltar a paciência, você pode tomar uma decisão fora de hora. É preciso maior paciência para fazer um estudo, compartilhar mais e tomar uma decisão mais assertiva. Uma decisão tomada em cima de emoção tem baixa possibilidade de ser boa. Paciência... Observar todos os ângulos para, então, chegar à conclusão.

Amigos achavam que era um sonho maluco montar o varejo e depois se convenceram quando viram o seu sucesso?

Antes de dar certo, todo mundo fala que é loucura; depois que deu certo, todos falam que foi sorte. Mas é muito treinamento e muita competência, porque Deus dá sorte para todo mundo!

Quais as pessoas que mais inspiraram o senhor como ser humano, não apenas como empreendedor, no início, e quais inspiram hoje?

No começo, mais minha mãe que meu pai. Minha mãe era uma pessoa de fé. Agora, eu não costumo eleger poucas pessoas, todo mundo, para mim, pode contribuir. Eu escuto todas as pessoas que podem contribuir. Sei que 2+2 são 4, mas gosto de compartilhar, "o que você acha disso?". Já pedi opinião a uma pessoa que estava carregando caixas... Não tem que ser engenheiro para me dar uma ideia boa sobre logística. Quem está com a mão na massa também dá!

Em algum momento o senhor acreditou piamente em algum guru da administração?

Não. Assisto aos melhores, vejo o que eles falam, gosto de ver, para entender a coerência. Eu agradeço a Deus que me deu esse dom.

> Quanto mais maduros emocionalmente nos tornamos, mais percebemos que não precisamos de ídolos. Devemos admirar pessoas de valor, mas qualquer idolatria é perigosa, porque transfere ao ídolo a responsabilidade de errar ou acertar, e, na verdade, temos que chamar essa responsabilidade para nós mesmos. Checar sempre a coerência é de máxima importância!

Qual foi a maior decepção que o senhor teve no confronto do sonho do jovem Alair, movido por essa postura ética, e o encontro com a realidade no mundo dos negócios?

Olha, não fui enganado, porque a gente observa, mas a coisa que mais me incomoda é que, para contribuir com o crescimento pessoal ou empresarial, você trabalha correto de acordo com sua consciência, capacidade, dentro dos melhores objetivos e propósitos, e no mercado existe a informalidade, há pessoas sonegando impostos, é a coisa mais chocante que tem. Você trabalha correto, com uma imagem a zelar. E tem muitos trambiqueiros de alto faturamento por aí... você fica inconformado e tem que conviver com isso. No passado havia muito mais, mas ainda hoje temos casos assim. E a impunidade ainda existe. Temos um longo caminho a percorrer...

O senhor enfrentou algum momento, mesmo que breve, de depressão? Já pensou em desistir?

Já, houve momentos em que estava muito cansado, e pensei "será que está valendo a pena essa luta toda? Será que se eu fosse um bancário minha vida não seria melhor do que é hoje?". Mas é coisa que não durou nem duas horas; sempre penso: eu sou uma pessoa comprometida, tem tanta gente nessa batalha, Deus ajuda e vai dar certo. Outras coisas que me deprimem são a injustiça e arrogância. Lamento muito, por exemplo, quando algum colaborador é demitido injustamente.

Em geral, as pessoas não imaginam que um grande vencedor também passa por esses momentos de desânimo, por mais que sejam breves. Mas quando construímos nossos valores de forma resoluta, esse desânimo passa rapidamente. É uma questão inclusive de caráter espiritual, pois somos continuamente testados pela vida.

Outra questão que chama a atenção nesse caso é a sensibilidade que leva o sr. Alair à tristeza diante de uma injustiça que chega ao seu conhecimento. Coisas como essas costumam passar despercebidas por inúmeros grandes executivos todos os dias, especialmente quando o negócio toma uma dimensão maior. O que vemos aqui é o fundador do negócio, presidente do conselho, CEO sênior, dedicando atenção e demandando solução a problemas cotidianos.

Que tipo de leitura o senhor acha que mais contribuiu com sua jornada empreendedora? Livros ou autores que o senhor gostou de ler ao longo desse período?

Gostei muito do Anthony Robbins; *Poder sem limites* me ajudou muito. Li um pouco sobre budismo também, me ajudou bastante. Muitos têm preconceito, eu não tenho preconceito; eu gosto, não aproveito tudo, mas eu gosto. Se for para o bem, por que não aproveitar?

Então o senhor acha que os livros voltados para o indivíduo foram mais importantes que os livros de negócios na sua trajetória?

Eu acho que o autodesenvolvimento é importante porque ao se desenvolver você tem mais chance de atingir seus objetivos. Tenho muitos livros mesmo e leio bastante. Gosto de autoajuda, mas também me interesso por livros de biografias e administração, como o *Paixão por vencer*, de Jack Welch.

Em algum momento o senhor sentiu receio de que a armadilha da vaidade pudesse prejudicá-lo?

Senti e procurei mudar. Eu estava infeliz e não descobria a causa. Tinha tudo para ser feliz, família maravilhosa, sucesso empresarial. Mas eu me desconectei de Deus, naquele momento, então faltou humildade. Depois que eu fiz o processo Hoffman,* aí voltei às minhas origens, voltei a fazer a oração com mais fé, mais concentrado, não por obrigação. E tudo melhorou. Não dá para querer inventar, tem que seguir aquilo que sempre deu certo. Simplicidade e humildade sempre!

---

* O chamado processo Hoffman é uma metodologia para a busca de autoconhecimento e harmonização das quatro dimensões fundamentais do ser humano, segundo Bob Hoffman (1921-1997): física, emocional, intelectual e essencial. Essas dimensões, batizadas de "quadrinidade" pelo autor, precisam ser voluntariamente harmonizadas, vencendo condicionamentos oriundos de uma educação infantil e realizando a transição para uma autoeducação mais madura, consciente e em sintonia com os aspectos essenciais do ser.

> Todos os seres humanos, sem exceção, correm o risco de serem aprisionados pela questão da vaidade, porque o desafio do ser humano é paradoxal: acreditar nele mesmo, saber de seu valor e ao mesmo tempo não se deixar dominar por isso. Se não acreditamos no valor que possuímos, podemos não desenvolver a vaidade, mas não desenvolveremos mais nada... É preciso saber do nosso valor e ainda assim não permitir que isso nos iluda, nos faça perder a conexão com a vida, com as pessoas e com Deus. Esse é o verdadeiro exercício da humildade. O fato de o sr. Alair dividir isso conosco demonstra sua nobreza de espírito.

Como o senhor lidera as pessoas? Qual a principal característica do Alair Martins líder?

Olha, liderança para mim é gostar de entender do outro lado, entender de pessoas. Quando alguém não está no melhor dia, você tem que saber o que está acontecendo com ele. Isso me ajuda a ter paciência com as pessoas, a não ficar chateado com elas. Eu não posso mudar de ideia sobre alguém por causa de um momento tão curto. Liderar é ter claro na sua cabeça o que é bom e pensar sobre como isso vai ser percebido pelo outro. Se pensar assim, fica mais fácil entender as pessoas, ter paciência com elas, que por sua vez passam a ter mais prazer de estar com você. Liderança tem que ser conquistada, não pode ser imposta. A liderança imposta não gera no outro vontade de compartilhar. Mas se estiver envolvido no desafio com você, ele fica motivado e vai fazer o máximo que pode para ajudá-lo. Esse é o líder que eu conheço.

Manter é mais difícil que conquistar. O senhor tem medo de alguma coisa? Esse medo cresceu ou diminuiu com o passar do tempo?

Permanece. Construir é difícil. Manter é difícil. Tem que ser vigilante 24 horas, tem que estar atento. Não pode se descuidar e achar que está tão seguro assim, que nada vai acontecer. O comodismo é perigoso. Eu diria que não tenho preocupação com isso, tenho uma equipe tão boa, com os mesmos propósitos que eu tenho, sabem o quanto eu valorizo isso. Eles fazem tudo para não me ver sofrer, tenho uma equipe muito boa comigo!

Então, o senhor acha que há certa dose de medo e apreensão que são importantes para manter esse zelo?

Tem que estar atento. A empresa que está em destaque é líder, pode ser alvo, seja por inveja, ou qualquer outra razão. Não temos inimigos, hoje, mas de repente pode surgir alguém que se comporte assim. É atenção 24 horas. Graças a Deus não tenho problema de "rabo preso" com ninguém, minha vida é limpa. Isso me dá uma segurança imensa!

Sr. Alair, o que o levou a autorizar um livro contando sua trajetória de vida e bastidores de sua estratégia de negócios?

Resisti durante muito tempo a autorizar que alguém contasse num livro a minha história. Posterguei ao máximo, embora recebesse constantes pedidos de escritores e editores e sugestões de amigos e parentes. Até meus netos faziam uma espécie de campanha sobre esse assunto, pois conheciam demais a minha história e a consideravam digna de ser contada publicamente. Pesou também fortemente na minha decisão a proposta feita pela Fundação Dom Cabral, pela importância dessa instituição de renome internacional e que não edita biografias, e sim *cases* a serem estudados. Isso me animou, porque era exatamente o que gostaria de fazer: um livro que pudesse ser utilizado para ajudar as pessoas. Sempre quis que os conhecimentos e as experiências que adquiri ao longo dessa trajetória pudessem servir para apoiar outros empreendedores.

Como ocorreu nesta entrevista para o seu livro, que realizamos muito tempo antes do lançamento do livro que narra a minha trajetória.

Tenho recebido inúmeros depoimentos que vêm de todo o país. Pessoas de todas as regiões; pessoas simples e até mesmo grandes empresários me enviam mensagens de agradecimento e de congratulações, destacando principalmente os ensinamentos que servem a eles de exemplo e de inspiração. São ricos depoimentos de pessoas falando que a minha história está influenciando suas vidas e melhorando o desempenho de seus negócios. Isso me deixa muito feliz, porque foi exatamente esse o propósito que me moveu.

Sr. Alair, a questão da sucessão preocupa muito o senhor?

Já me preocupou muito...

Quais as providências que o senhor adotou para que a continuidade de sua obra esteja assegurada nas próximas gerações?

Foi feito um trabalho de altíssimo nível, com consultores renomados e muito competentes, especializados em sucessão de empresas familiares. O projeto foi desenvolvido pelo prof. John Davis, que desenhou um modelo muito interessante prestigiando o consenso entre os meus filhos nas decisões mais relevantes do grupo, com independência do Conselho de Administração e profissionalização de toda a diretoria. A estruturação e implementação jurídica foi coordenada com muito brilhantismo pelo dr. Paulo Aragão, cuja competência é amplamente reconhecida no meio empresarial. Ele conseguiu agregar sua experiência ao projeto e adicionou soluções muito inteligentes. Tenho três filhos maravilhosos e competirá a eles dar continuidade ao nosso trabalho, com o apoio de empreendedores de sucesso, já plenamente realizados, que se identificam com nossa obra. O projeto incentiva também a formação profissional de meus netos, que poderão trabalhar na empresa, mas deverão buscar antes uma experiência em outras organizações empresariais e uma formação acadêmica. Com isso, conseguiremos assegurar a continuidade do Martins pelas próximas gerações.

Aqui observamos mais um exemplo visionário do sr. Alair: a decisão de profissionalizar o conselho, garantindo a sustentabilidade do negócio. Seria uma carga emocional muito complexa delegar a uma única pessoa o papel de sucessor de um expoente do atacado/distribuição no Brasil. Cada pessoa tem seu estilo, personalidade, temperamento e, em termos de empresa familiar, mesmo o sucessor sendo extraordinário, fica sempre um saudosismo com relação ao estilo do fundador.

A profissionalização do conselho com a utilização de figuras reconhecidas do mercado confere um caráter mais técnico que se soma à presença dos filhos, que trazem o DNA, a emoção, a história e a tradição da família. Essa somatória extremamente produtiva garante a perpetuidade dos negócios. O sucessor de um grande empreendedor termina por ser o seu próprio legado.

Sr. Alair, apesar de toda a experiência, que competências e conhecimentos em negócios gostaria de possuir a mais hoje, por exemplo?

Olha, para trazer a empresa até onde chegou, foi um esforço imenso. Com o esforço que eu fiz até agora, com equipe, se tivesse algum curso superior, com certeza, teria sido mais fácil. Porque muitas coisas completei com pessoas que têm um preparo técnico muito bom; eu poderia ter maior facilidade para entendimento nas partes que não domino. Sugiro que todas as pessoas se preparem ao máximo, com dois ou três cursos superiores para facilitar isso.

Quais os maiores obstáculos que o senhor julga enfrentar hoje para o contínuo crescimento do negócio e quais são os grandes desafios desta era que estamos vivendo?

É diferente do passado. Precisamos de muita assertividade, as pessoas certas no lugar certo. Uma pessoa faz toda diferença na organização. Eu tenho tido muita sorte, mas quando você pensa que uma pessoa num cargo muito bom pode adoecer, um cara muito bom, ter um sucessor é um ponto que qualquer grande organização tem que levar em conta. Às vezes, a mudança de uma única pessoa dá um rumo diferente à empresa.

Que conselho o senhor daria a si mesmo para continuar crescendo?
Continuar buscando. Amanhã tem que ser melhor do que hoje. Porque acreditar que você é muito bom não dá certo.

O que o senhor gostaria de ter sabido antes que poderia ter evitado algum erro significativo ou acelerado o sucesso?
Acho que teria investido ainda mais no autoconhecimento. Quanto mais preparada emocionalmente uma pessoa estiver, melhor, isso vale mais que o aspecto técnico. Isso eu comecei um pouco tarde, mas ainda deu tempo. Eu poderia ter tido mais facilidade de entender certas coisas, ou chegar ao entendimento com mais facilidade, sem tanto sofrimento. Se estivesse mais preparado, resolveria com mais facilidade. Ter um pleno domínio emocional vale mais que qualquer parte técnica!

E se fosse necessário começar tudo de novo? O que é que o senhor repetiria e o que não faria novamente?
Talvez, em um dado momento, tenhamos exagerado em ter constituído muitas empresas e perdido um pouco o foco do negócio principal. Uma falha que eu não repetiria. O restante eu faria de novo.

O sucesso tirou alguma coisa que o senhor gostaria de ter de volta?
Tirou a oportunidade de gozar mais a vida, porque estive sempre trabalhando. Só agora, depois dos oitenta anos, que estou encontrando condição de fazer isso. Queria ter feito antes, não foi possível. E tive muita sorte — com tanto trabalho, e desafio, nunca perdi saúde, e agradeço a Deus por isso!

Qual o senhor gostaria que fosse a marca do legado de Alair Martins?
Meu exemplo de trabalho! Um trabalho com compromisso, graças a meus pais — que Deus os tenha em bom lugar —, que eu sei

que estão vibrando pelo filho que sou. Até superei as expectativas deles, eu acreditava que era possível e, com fé em Deus, fiz muito mais do que imaginava.

Sr. Alair, três conselhos para alguém que está começando a ser empreendedor.

Na verdade, são mais que três. Primeiro, verificar bem se você se identifica com a escolha que vai fazer, se o sonho vai trazer felicidade. Se vai trazer felicidade, verificar se você vai entrar de cabeça, para valer...

Se a pessoa tiver esse propósito, essa determinação, que procure se cercar de pessoas boas e eficientes para o desafio. Não se ache autossuficiente, porque irá se dar mal. Compartilhe sempre, mesmo quando tiver a certeza do que é melhor, até mesmo para valorizar seus pares. E, por fim: trabalho, trabalho, trabalho, trabalho, trabalho!

Existe algum assunto de que nós não falamos e que o senhor gostaria de comentar?

Eu diria que um homem de fé é um homem mais valente, mais forte, com mais argumento, com mais serenidade. Invista mais na parte espiritual, trabalhe muito, mas não deixe a parte espiritual de lado. Invista também na saúde, no equilíbrio, quando comer, o que comer, tenha um compromisso com a saúde; ela é fundamental para lhe dar energia, tanto mental quanto física. Cuide do corpo, da mente e da alma!

Sr. Alair, eu atendo centenas e centenas de empresas e encontrei raríssimas ocasiões em que um líder fosse tão admirado, quanto o senhor, pelos executivos e colaboradores de todo o Grupo Martins. A que o senhor atribui tanto carinho e admiração?

Olha, as pessoas declaram que me valorizam muito não só pela obra, mas por eu manter a humildade e a simplicidade. Elas se surpreendem constantemente; hoje mesmo, uma pessoa com quem eu nunca tinha conversado me disse: "Eu admiro o senhor não pelo empresário, mas pelo homem que o senhor é". Assim é que eu gosto de ser visto. Não o empresário, o homem. Não é falar dos milhões, isso é consequência do trabalho, o que mais me alegra é ser reconhecido pelo que eu sou. É o ser, não o ter!

O Grupo Martins é reconhecido pelo amplo apoio ao crescimento de seus clientes. Isso demanda muita dedicação e muito investimento. O senhor abriria mão dessa característica em função da imensa pressão por preço que existe na época atual, ou deseja sempre agregar mais valor?

Sempre agregar mais valor, porque o mundo é dinâmico; tem que estar sempre inovando. Se parar, você fica para trás. Tem que ter o prazer de ser criativo e aprender. Nada é mais gratificante. Cada boa ideia que nasce, você fica entusiasmado e, quando a coloca em prática, é melhor ainda, dá uma energia revigorante!

O Grupo Martins se dedica a obras assistenciais?

Entre vários outros projetos culturais e educacionais, o Instituto Alair Martins está com o foco dedicado a estimular e formar novos empreendedores a partir do período escolar; tem sido uma excelente obra, começou há pouco tempo, vai ser muito útil para os jovens. Começou o piloto aqui em Uberlândia e vai se espalhar por todo o Brasil.

Qual é o papel de Deus na sua vida, em tudo que construiu até agora? O senhor gosta de dizer que acredita num Deus superior e num Deus interior. Gostaria que o senhor falasse um pouco disso.

O Deus espiritual é Deus. Uma pessoa de fé é uma pessoa que tem mais resistência para superar os obstáculos. Através da oração, Ele dá um conforto que o relaxa frente a um problema mais complicado. E a solução vem depois, através da intuição. Eu sempre peço e agradeço também.

E o Deus interior é a capacidade que nós temos em nosso interior, a força criativa. Sempre acrescentando algo mais, isso nos faz fortes. Para nos desenvolvermos, trabalhar a parte interior é um desafio constante. A gente vai morrer não sabendo muito, mas mais do que sabia antes...

Haroldo Rahm, 96 anos

Antes de entrarmos na entrevista com o empreendedor social Haroldo Rahm, vamos ver, juntos, um breve histórico cujo contexto nos ajudará a entender sua pessoa e obra.

Haroldo Joseph Rahm nasceu em Tyler, no Texas, Estados Unidos, em 22 de fevereiro de 1919.

Quando criança, viveu com a mãe separada de seu pai por conta dos problemas dele com o alcoolismo.

Durante o curso de sua carreira militar viveu um momento de despertar espiritual que acabou conduzindo-o à ordenação como sacerdote jesuíta.

Fazendo a opção pelos excluídos sociais, viveu durante doze anos na favela Chamizal, em El Paso (fronteira entre México e Estados Unidos), onde realizou um trabalho extraordinário junto a meninos de rua — a maioria filhos de pessoas pobres vivendo ilegalmente nos Estados Unidos, envolvidos com gangues e delinquência juvenil — e cujas vidas ele modificou por meio do trabalho, esportes e cursos científicos e religiosos.

Padre Haroldo abordava os jovens de maneira igualmente jovem e repleta de amor; chegava sempre pedalando uma bicicleta, seu meio de locomoção e aproximação deles. A visão cotidiana desse empreendedor da causa do amor era chegar de bicicleta e rezar o terço em esquinas, fazer missas nas praças e promover encontros e diálogos em qualquer simples e humilde residência que lhe abrisse as portas.

Em um prédio abandonado, limpo e pintado por ele com a ajuda desses jovens, nasciam os trabalhos de promoção social do Our Lady's Youth Center, que originou o livro *Office in the Alley* [Escritório no beco]. Continuando o trabalho, sempre focado nos jovens mais renitentes e resistentes, ainda presos às gangues, padre Haroldo conseguiu parcerias para trazer astros do basquete e "atrair" os jovens para caminhos saudáveis; posteriormente vieram o teatro, a literatura, jogos, competições e múltiplas outras atividades, incluindo a assistência empresarial aos desempregados. Diante de seu trabalho e postura, a televisão e o rádio abriram os braços a esse jovem empreendedor, que ganhou programas semanais.

Esse trabalho ganhou reconhecimento internacional ao extinguir as gangues de El Paso. No dia de sua partida — afinal outros desafios precisariam da garra e determinação desse homem decidido por amor e pelo amor — milhares de pessoas se reuniram no Grande Coliseu de El Paso, para demonstrar carinho e gratidão, e o dia 9 de janeiro tornou-se um feriado em comemoração ao Dia do Padre Rahm!

Chegou ao Brasil em 1964 e com a coragem, ousadia e pioneirismo que caracterizam os grandes empreendedores, em uma época em que ainda não se falava em tratamento para a dependência química, sem auxílio governamental, criou em Campinas, São Paulo, a Comunidade Terapêutica Fazenda do Senhor Jesus, para tratar da dependência de álcool e outras drogas. Sua atividade intensa e incessante não se limitou aos dependentes em si, mas a todos os envolvidos, especialmente familiares, que tanto precisavam de orientação e apoio.

Várias foram as entidades fundadas para dar consistência a essa abordagem ampliada no atendimento às múltiplas demandas associadas à dependência química, seu tratamento e apoio a dependentes e familiares, entre elas: o Amor Exigente, a Febract (Federação

Brasileira de Comunidades Terapêuticas), a Flact (Federacíon Latinoamericana de Comunidades Terapéuticas) e a Instituição Padre Haroldo (também conhecida como Apot — Associação Promocional Oração e Trabalho — e agora intitulada Instituto Padre Haroldo), reconhecida em Nova York na 23ª Conferência da WFTC (Federação Mundial das Comunidades Terapêuticas) como uma das três melhores comunidades terapêuticas do mundo, fazendo jus ao Prêmio Harry School Award.

O ser humano nobre, generoso, espirituoso e de presença profundamente espiritualizante, sempre humilde e jovial, mesmo aos 96 anos de idade, salvou com seu trabalho milhares e milhares de vidas, resgatando-lhes o significado, a dignidade e, consequentemente, devolvendo-lhes a autoestima e possibilitando a ressocialização.

Seu trabalho é reconhecido internacionalmente por profissionais altamente gabaritados das mais diversas áreas do conhecimento e das mais variadas escolas religiosas e não religiosas. Sua abordagem ampla e pluralista consegue envolver a todos no que cada qual possui de melhor. Em um conceito ainda mais amplo que o do mero ecumenismo, abraça com sua dedicação e disciplina contribuições oriundas da religião, ciência, psicologia, medicina, sociologia, logoterapia, laborterapia, entre tantas outras.

Haroldo Rahm, sem nenhum exagero, mudou a história dos dependentes químicos no Brasil e mandou um recado ao mundo inteiro sobre o que a força e a determinação de uma pessoa podem iniciar e desencadear.

Como propõe a jornalista Romina Miranda Cerchiaro em seu livro *Uma só palavra — o legado de Padre Haroldo Rahm para o tratamento da dependência química*, editora Libélula:

certamente seu legado será estudado por gerações e gerações que quiserem entender não as técnicas, mas as capacitações humanas necessárias para tratar dependentes químicos. (obra citada, p. 19); foi ele quem reuniu diversas religiões em torno de uma causa, reuniu milhares de famílias em volta de muitas salas de autoajuda, para aprenderem a lidar com seus entes adoecidos, a resgatar os limites perdidos no tempo e a dizerem não como forma de amor. Foi ele quem devolveu a esperança para milhares de mães que haviam perdido seus filhos para as drogas, devolveu verdadeiros cavalheiros para as esposas que esperavam seus maridos voltarem da solitária caminhada no deserto, devolveu homens para criarem seus filhos que estavam órfãos por causa das drogas, devolveu soldados que, a partir de suas próprias transformações, resolveram lutar contra as drogas, ajudando outros, seja no tratamento em comunidades terapêuticas, nos cursos, no voluntariado ou na prevenção. Foi ele quem também organizou o trabalho, fundando federações, entidades que pudessem regulamentar as atividades ligadas às comunidades de tratamento que se espalharam pelo Brasil e América Latina. (obra citada, p. 20)

Padre Haroldo fundou muitas entidades e obras, difundiu diversas práticas e delegou-as quando se encontravam suficientemente maduras para que outras pessoas pudessem assumir o que estava pronto enquanto ele criava o que ainda precisava existir, como ele mesmo diz: "É preciso semear solos férteis e entregar os frutos nas mãos de quem está pronto para cultivá-los...".

Haroldo Rahm conquistou inúmeros amigos ao longo de sua jornada. Desde que o conheci, me tornei mais um deles. Um dos muitos que, com certeza, lamentam não tê-lo conhecido ainda antes. Sua sinceridade, transparência, amor, empatia e disciplina são marcantes. Trata-se de um sábio que ensina inclusive quando faz silêncio. Trabalhador incansável, aos 96 anos de idade mantém sua agenda sempre repleta de compromissos, nada o distrai ou faz perder o foco; contudo, dedica sempre tempo e carinho a todos que encontra pelo caminho. Amando sempre, trabalhando sempre, semeando sempre.

Não tratamos de um líder mítico ou idealizado com o passar do tempo, mas de um empreendedor real que aprende a cada dia a fazer ainda melhor o que vem fazendo há tantos anos. Um homem desapegado do seu valor histórico, social, religioso e de quaisquer bens ligados ao ego. Conhecê-lo é encontrar uma criança sábia de 96 anos de idade, cuja vitalidade é, por si, um convite à vitória para qualquer um que dele se aproxime.

> Além de ser extremamente significativa para o conteúdo deste livro, esta entrevista, com a qual devemos aprender, inclusive nas entrelinhas, é também uma homenagem a um empreendedor cujo único lucro almejado é a recuperação de pessoas que perderam a si mesmas nos labirintos da dependência química.

Padre Haroldo, como começou o seu trabalho como empreendedor social?

Nos Estados Unidos eu vivi em uma favela durante doze anos como padre, hoje a repercussão daquela obra tornou-se internacional. Eu trabalhava com gangues de rua, escrevi até um livro sobre esse trabalho para a Universidade do Texas, que se chamou *Office in the Alley*. O livro ficou muito popular nos Estados Unidos e tornou-se leitura obrigatória em diversas universidades.

Eu estudei muito as gangues. Trabalhava não só na favela, mas na comunidade em geral. Tentei elevar o nível das pessoas e fiquei famoso por alguma coisa que eu não fiz...

Eu, de fato, consegui acabar com as gangues nessa área, porém, eu não fiz nada... Apenas trabalhava com eles, comecei trabalhando com as crianças, depois envolvi as famílias também e outras boas pessoas da comunidade.

Elevávamos as crianças e elas acabavam não ingressando nas gangues. À medida que os mais novos não entravam e os membros anteriores cresciam e mudavam da região ou paravam de frequentá-las, íamos, aos poucos, erradicando o problema.

Assim foi o que vivi em El Paso, no Texas (fronteira com o México). Lá eles me tratam como se eu fosse grande, quando vou até lá eles me chamam de The Legend (A Lenda), e eu não fiz nada... Eu apenas trabalhava...

Eu usava artes, esportes, diversas ferramentas para elevar o nível de compreensão e aspiração deles. Sempre me aproximava deles andando de bicicleta, parava onde eles estavam e ia me aproximando...

Todas as vezes que eu sabia que ia acontecer um confronto entre líderes de gangues rivais (havia muitas brigas), eu comparecia e me colocava no meio deles.

Certa vez, dois líderes iam brigar com facas e eu estava no meio... (risos) e quando um atacou, nem sei como, peguei ele pela mão, joguei-o em meu ombro, joguei-o no chão e depois disso fiquei "famoso"... ajudou muito (risos)!

Em uma tarde muito triste, eles mataram um jovem; eu o socorri e estive ao seu lado até seus últimos momentos. Fui à televisão e aos jornais, porque eu tinha três programas na televisão, dois em inglês e um em espanhol; como eu tinha os meios de comunicação comigo, transformei essa fatalidade em instrumento de conscientização para que outras pessoas se sensibilizassem com a causa e nos ajudassem a eliminar esse estado de coisas. Muitos vieram por conta disso.

Eu tive o apoio de três grandes homens. Um deles, Tula Roboh, tem um parque com seu nome; outro "Lalo Barrientos" quando morreu, teve uma página inteira do jornal dedicada a ele; e o outro, Jose Afilar, quando vim para cá, entrou para o governo e tornou-se um grande líder na questão dos jovens. Esses três homens de valor começaram trabalhando comigo, como assalariados, durante doze anos...

Em El Paso, a universidade chegou a ganhar o título nacional de basquete universitário e vários dos jogadores trabalharam comigo como voluntários e contratados; eram adorados pelos jovens que viam neles uma outra realidade de vida, fora das gangues.

Realmente transformamos o bairro, mas não foi nada, apenas amor, dedicação e trabalho.

Hoje, infelizmente, depois de décadas, os problemas voltaram por lá, as gangues ressurgiram e está muito violento. Há pouco tempo mataram mais de trezentas mulheres, depois de fazerem sexo com elas, jogaram seus corpos no deserto. É muito triste...

Aqui podemos notar a humildade desse homem que possui uma história única, tanto em El Paso, como após sua chegada ao Brasil. Não se trata de discurso, Haroldo Rahm vive como se não tivesse feito nada de extraordinário. Seu trabalho incansável recebe apoio de milhões de reais todos os anos, tudo conquistado com intenso trabalho e dedicação e viabilizado com a seriedade dos resultados e a total transparência sobre os recursos aplicados.

Observemos suas qualidades de líder na maneira como se aproxima dos jovens, como envolve a comunidade e trata dos problemas em 360 graus, não ficando atento apenas aos que estão na delinquência, mas também aos que sofrem por conta dela.

Observemos o comprometimento e o exemplo quando ele se envolve visceralmente nos combates entre líderes de gangues e sua visão de comunicação e marketing ao reverter a tragédia da morte de um jovem em uma maneira de conscientizar a comunidade sobre o que acontecia ao seu redor, conquistando apoiadores e voluntários.

Aprendamos com sua visão de pedagogo da alma ao conseguir trazer os jogadores de basquete para servirem de ídolos saudáveis a uma juventude que se acreditava destinada à delinquência.

Constatemos sua visão no recrutamento da sua equipe de trabalho. Os grandes homens aos quais ele se refere se tornaram depois expoentes em diferentes áreas, confirmando a visão de Haroldo Rahm sobre suas competências.

Como tratamos ao longo do livro, empreendedores são pessoas que transformam o mundo ao seu redor e que aproveitam todas as dificuldades e circunstâncias como matéria-prima para a realização de suas metas. Apenas essa primeira resposta já nos demonstrou inúmeras características de um grande empreendedor.

E como foi quando o senhor chegou ao Brasil, em Campinas?
Quando eu cheguei aqui, comprei um fusca, rodava pelas ruas, pegava os bêbados e os levava para o albergue noturno, mas no-

tava que eles não queriam ficar, tomavam banho e voltavam para a rua, não havia nada direcionado à reabilitação deles.

Pedi ao dr. Claudio Novaes, pessoa importante da sociedade campineira, para me emprestar uma das casas dele para levar esses homens; ele compreendeu o que eu queria fazer e comprou uma chácara, que hoje se chama *Fazenda do Senhor Jesus* e doou-a para nós. Eu comecei dormindo com eles lá, durante o dia eu trabalhava como padre, porque naquela época eu era chefe de muitos padres e tinha que terminar com tudo isso para ao final poder dedicar a minha vida ao que queria. Em tudo Deus me ajudou!

Escolhi outro padre (o provincial) para chefiar os demais e, então, eu estava livre para a obra. Não pedi a nenhuma pessoa para me ajudar com o trabalho, porque, para começar a trabalhar com alcoólatras e/ou pobres, só são necessários: amor, atenção, comida, cama, médico, roupas e oferecer-lhes trabalho quando pudermos. Com o tempo, vamos buscando os recursos para expandir a obra...

Foi aí que eu fundei o que se chama de a primeira comunidade terapêutica no Brasil, mas nem sabia, nunca tinha ouvido falar nesse nome, agora há mais de duas mil.

E fundei o *Amor Exigente*, com dona Mara Menezes, para meus jovens, e esse movimento explodiu também. Eu já tinha muita experiência na rua com pobres e violência; eu conhecia a realidade das ruas e era jovem, tinha muita energia, dormia pouco, gostava de passar até a meia-noite com eles, eu construí um lugar para eles, começamos em um lugar muito violento.

Eu fiz muita ginástica com eles, tipo ioga, futebol, joguei muito com eles, ensinei catecismo a eles; para as crianças, servia sorvete nas noites...

Tínhamos acampamento para eles em uma fazenda, onde passávamos fins de semana. Quando comecei aqui, não falei com ninguém, apenas comecei. Hoje temos 25 psicólogas trabalhando no projeto, mas comecei sozinho.

Nessa resposta podemos observar a determinação e proatividade no começo da obra. Sozinho, sem equipe, mas já contando com o reconhecimento de sua força moral, Haroldo Rahm consegue a doação da chácara onde sediará o núcleo de seu trabalho de recuperação.

Observemos o seu nível de comprometimento, dormindo com os internos e dedicando-se a eles em todo o seu tempo livre; simultaneamente, cumpria com suas obrigações profissionais.

Ver esse homem levando o trabalho sozinho foi determinante para as decisões de apoio que foram se sucedendo ao longo do tempo.

Haroldo Rahm sonhava com o momento em que pudesse se dedicar integralmente à sua obra, mas esperou por esse momento de forma disciplinada e cumpridora de seus deveres, o que nos leva a perceber que, muitas vezes, precisamos acumular funções para que nossa meta maior possa acontecer.

Para quem está começando hoje um trabalho, quais são as principais dificuldades, na sua opinião?

Para começar uma obra de maior porte, como essa ou semelhante, não podemos esquecer que, além do amor e do trabalho, vamos precisar de recursos. É muito caro!

É preciso desenvolver uma maneira de obter os recursos para poder levar a obra adiante; precisamos nos perguntar: como conseguiremos os recursos para financiar as despesas da obra? Se você tem família, deve saber que terá que alimentar sua família também, pode trabalhar em outra atividade parte do seu tempo (para seu sustento) e na outra parte do dia se dedicar à obra.

Podemos conseguir pessoas que se associem e se cotizem (tornando-se sócios) para o avanço dos trabalhos, parte dos recursos podemos obter em doações dos gêneros que necessitamos. Eu trabalhei com um grupo pequeno de pessoas no início. Íamos ao Ceasa para conseguir alimentos, eu datilografava cartas pedindo doações. Um detalhe importante: eu sempre descobria quem tinha o poder de decisão e mandava a carta ou visitava essa pessoa.

Cuidado para não ficar paralisado frente a um não de alguém que não tem poder de decisão; fale sempre com a pessoa que decide, mesmo que custe conseguir ser atendido por ela.

Devemos lembrar que, mesmo que possamos trabalhar de graça, precisaremos de outros profissionais sem a mesma condição — médicos, dentistas, faxineiros, cozinheiros etc. — que têm suas famílias para cuidar. É justo e digno que eles recebam por seu trabalho. No meu caso, todas as obras de que cuidamos pagam salários. Conseguimos algumas contratações por meio da prefeitura, mas isso demanda um trabalho contínuo de relações públicas. É preciso tempo, dedicação e persistência.

Os assalariados têm um compromisso formal com a obra, vivem do seu trabalho. Voluntários não são sempre constantes... A constância é fundamental, porque, além de muito amor, leva tempo para tirarmos um jovem drogado das ruas, pode levar até dois anos. Sim, dois anos, porque em volta deles há a pressão dos traficantes...

> Observemos aqui a visão administrativa lúcida do empreendedor zeloso das necessidades e particularidades dos diferentes tipos de trabalhadores necessários para o sucesso de seu empreendimento. Longe de uma visão romântica, ele age com os pés no chão, buscando todos os meios necessários para que o empreendimento possa pagar suas contas, remunerando as pessoas de maneira justa pelo seu trabalho e, consequentemente, podendo atrair pessoas com melhor qualificação para as tarefas-chave.
>
> Imaginar que possamos levar adiante um trabalho assim, contando apenas com a boa vontade de algumas pessoas e voluntários espontâneos, é perigoso e contraproducente.
>
> Reparemos também na importantíssima lembrança de que precisamos falar sempre com as pessoas que detêm o poder de decisão e, de fato, podem nos ajudar. Essas pessoas estão, frequentemente, cercadas por outras que tratam de fazer o acesso mais difícil. Devemos perseverar e não nos permitir paralisar diante de um não de uma pessoa sem o efetivo poder de decisão.
>
> Relações públicas é uma atividade fundamental para todo e qualquer profissional, mas no caso do empreendedor social torna-se uma lição a ser praticada diariamente, de maneira constante e disciplinada.

E como fica essa questão dos traficantes, eles não atentam contra o senhor ou a obra?

Os traficantes pagam os menores para atuar como "aviões" deles para efetuar a venda das drogas. A questão maior dos traficantes é o receio de que o padre (no meu caso) ou os colaboradores da obra os entreguem para a polícia. Quando eles percebem que nosso trabalho é com as crianças e com as mulheres (mães, irmãs) que vendem sexo e que não vamos delatá-los, aí nos deixam trabalhar.

Mas é preciso andar na rua: eu andava na bicicleta e conversava muito com eles, conheço muitos traficantes pessoalmente...

Se queremos trabalhar com obras sociais, com pessoas pobres em áreas e situações de risco, precisamos eliminar todo e qualquer preconceito em favor da causa à qual estamos servindo. Não se faz um trabalho em uma favela sem pedir permissão para entrar aos líderes da comunidade, apenas para citar um exemplo. Da mesma forma, não podemos perder o foco. Se o seu trabalho consiste em recuperar pessoas, dedique-se a isso, cabe à polícia e às demais instituições públicas cuidar das questões criminais.

Conseguir ser respeitado por ambos os lados polarizados nas questões sociais significa realizar um excelente trabalho, cujas repercussões vão além do que se possa imaginar. Todos nós que de alguma forma, mais ou menos intensa, já estivemos envolvidos com trabalhos dessa natureza conhecemos essa realidade e aprendemos a importância de não perder o foco para não perdermos a oportunidade de ser úteis.

Como o senhor escolhe os colaboradores e líderes?

Há os que vêm espontaneamente, é preciso ter cuidado... Muitas pessoas com enormes problemas querem vir aqui para trabalhar com outras pessoas com graves problemas... não dá!

Eu digo aos que chegam espontaneamente: a única coisa que eu tenho a oferecer a vocês é a cruz!

A maioria não aceita e desiste...

Outra coisa que é necessário compreender para trabalhar aqui é a importância da união para o prosseguimento dos trabalhos. É fundamental compreender os princípios e as regras que norteiam o trabalho. Sugestões de aperfeiçoamento são sempre bem-vindas, atitudes que contrariam os princípios e regras fundamentais, não.

Muitos dos meus funcionários, evidentemente, têm as suas próprias ideias, muitas boas. Precisamos aproveitar o que eles têm de bom e dar-lhes relativa liberdade. De vez em quando temos funcionários que são completamente contra as minhas ideias — mas não brigamos, o que importa é o que traz maiores benefícios à nossa causa.

Então, digamos que, entre 250 funcionários, eu tenho três maneiras de recrutar uma pessoa:

1 ela vem como voluntário, é boa e a equipe quer que ela permaneça;
2 ela se recuperou na obra e quer continuar;
3 minha equipe, que está sempre monitorando pessoas de valor, a convida ou contrata.

Aprendi, com o tempo, que não adianta contratarmos uma pessoa se a equipe não aprova. Se a equipe não aprova, "não serve" para trabalhar conosco. E por isso, eu os deixo escolher...

Em obras sociais é preciso muita atenção, perspicácia e acompanhamento para com todos os trabalhadores. Estamos envolvidos com a recuperação de vidas e nada deve prejudicar essa missão.

Os líderes têm que ser muito bons, os mais qualificados para o trabalho. Não conseguimos sustentar o mesmo padrão deles em toda a equipe, mas eles precisam ser os melhores que pudermos encontrar e manter. Se você quer ter bons psicólogos, sociólogos, médicos etc., precisa encontrar os recursos para remunerá-los bem. Não devemos esperar que as pessoas trabalhem apenas pelo ideal.

Os drogados recuperados são muito dedicados e bons quando estudam. A DPaschoal me dá continuamente cinco bolsas de estudos para a universidade. Estou sempre educando os meus funcionários. Faço, semanalmente, uma pequena palestra para eles, meia hora por semana, falando sobre: o que é a droga, como é a pessoa que usa drogas, a maneira de trabalhar com elas, aspectos cognitivos comportamentais, fissura, compensação, enfim, tudo o que eles precisam saber para serem úteis.

Se eles querem falar sobre religião, nós falamos, mas só quando eles querem e me procuram para isso. Falo sobre Deus com todos, mas sobre religião só se eles querem, tanto os colaboradores quanto os residentes.

Dedico muita atenção aos líderes — se eles são bons, o trabalho flui, e eles se encarregam de fazer o efeito multiplicador.

Nessa resposta o empreendedor social Haroldo Rahm nos alerta para um erro comum em obras sociais: não considerar se os voluntários estão em condição psicológica para realizarem o trabalho junto a outras pessoas com muitos problemas. Não se trata de discriminação, mas de prevenção, cuidado com as repercussões do convívio e contato entre eles. Não se trata de buscar pessoas ideais, sem problemas, mas de buscar aquelas cuja natureza dos problemas não irá se somar à dos assistidos. Não basta se apresentar como voluntário para estar apto ao trabalho.

Ao deixar bem claro que nada deve atrapalhar a missão de resgatar vidas e dizer aos que chegam que só o que tem a oferecer é a cruz, nosso empreendedor deixa bem claros a missão, o contexto e a responsabilidade, e muitos, por si, desistem, ou seja, não estavam aptos para o desafio.

Outra questão fundamental é a assertividade e firmeza com relação aos princípios e valores que norteiam as atividades. Não transigir nessas questões é fundamental. Não podemos confundir flexibilidade com excesso de condescendência. Os métodos podem e devem ser continuamente aperfeiçoados com base na experiência concreta trazida pelo dia a dia, mas os valores sobre os quais está alicerçado o trabalho precisam ser inabaláveis.

Observemos também o respeito e a visão do líder Haroldo Rahm para com a equipe já estabelecida. Como é essa equipe que vai interagir com qualquer novo trabalhador, seja ele voluntário, seja contratado, ele deixa que essa mesma equipe decida pela permanência ou não do novato.

Suas três formas de admissão, em conjunto com esse respeito à equipe, demonstram lucidez administrativa.

E, por último, a clareza sobre a importância de atrair e reter os melhores talentos para as áreas de liderança, o que inclui reconhecimento moral e remuneração adequada, e evidencia a qualidade do RH praticado na obra.

Nessa vida toda dedicada a tantos projetos houve algum que foi inviável ou que teve que ser descontinuado?

Sim, dois!

Para um não tínhamos uma equipe que pudesse trabalhar conforme o necessário, não deu certo.

Outro, uma casa que construímos embaixo do viaduto e posteriormente entregamos à prefeitura.

Também houve a interrupção dos cursos de ioga Cristã e do Projeto Relaxe e Viva Feliz, em uma parceria com a dra. Núbia Maciel França, com o qual levantamos um montante de 3 milhões de dólares em trinta anos, utilizados para manter a obra. O curso foi interrompido porque ela foi operada e, como não havia preparado a sucessão, o projeto parou...

Isso é muito importante, pensar na sucessão. Dona Mara Menezes, responsável pelo Projeto Amor Exigente, treinou outras pessoas para dar continuidade ao trabalho dela, e, hoje, o Amor Exigente é tão atuante quanto foi com ela!

Eu sou bom para iniciar, conduzir e depois deixar outras pessoas trabalharem e continuarem... A sucessão é fundamental!

Aqui podemos notar que a indisponibilidade de uma equipe adequada pode inviabilizar um projeto, mesmo de um empreendedor experiente. Observamos, também, as repercussões do cenário externo, no caso, a política local, sobre o curso de uma obra que ocorre dentro desse cenário.

E a fundamental questão da sucessão: muitos empreendedores sociais, assim como os de outras áreas de atuação, esquecem-se da questão sucessória; o fato é que nunca sabemos quando e sob que circunstâncias vamos precisar do sucessor. A melhor prática consiste em nos dedicarmos a deixar sempre pessoas o mais preparadas possível para nos suceder ainda hoje, caso isso fosse necessário. Essa prática diária de treinamento e capacitação, de **coach** e **mentoring**, repetida dia a dia, nos deixa sempre mais tranquilos com relação a qualquer eventualidade. A obra de um empreendedor social precisa continuar mesmo na ausência dele. Isso não é uma questão fácil, mas a dificuldade não deve nos desmotivar nem conduzir à falta de esperança. Trabalhemos sempre no sentido de assegurar a perpetuação do trabalho em nossa ausência, seja porque nos cabe iniciar outros trabalhos e permitir a multiplicação de benefícios, seja porque surgiu algum impedimento mais severo .

Com relação a essa casa que o senhor teve que entregar, o fato deixou-o mais cuidadoso com as parcerias públicas?

Cauteloso sim, resistente, não! Cada caso é um caso.

Os prefeitos sempre foram muito atenciosos comigo. Por exemplo, quando eu quis construir embaixo do viaduto, os psicólogos da prefeitura foram contra, mas na reunião o prefeito disse: se o padre quer construir, vai construir; e eu construí!

Outro dia, o departamento de saúde queria meu médico, que estava contratado pela prefeitura e também chamou meu dentista; ambos estão comigo há doze anos, mas o chefe de saúde mandou uma carta comunicando a realocação. Fui até lá e consegui a permanência deles. Isso são relações públicas, um processo que você vai construindo dia a dia.

Mesmo que o senhor delegue bastante e forme muito bem seus líderes, ainda assim o trabalho possui uma inspiração muito forte na sua figura. Como fica a sucessão?

Muito bem!

Antigamente, eles falavam: O que vai acontecer quando o senhor morrer? Agora eles não falam mais...

Eles perguntam quando eu vou morrer e deixar tudo nas mãos deles! (risos)

Dr. Luís Roberto Sdoia e a sua bela esposa dra. Lúcia são os presidentes — dr. Roberto na Comunidade Terapêutica e Febract e dra. Lúcia no "Além da Rua".

Tenho uma equipe fantástica!

Quais seriam as características da sua personalidade ou temperamento que o senhor acredita que mais ajudaram o andamento dos trabalhos ao longo da história?

A disposição de servir.

Na Bíblia, em Mateus, Jesus diz: "Amarás o Senhor teu Deus de todo o teu coração, de toda a tua alma, e de todo o teu entendimento", e o segundo mandamento, semelhante a isso, é: "Amarás o teu próximo como a ti mesmo". Não há outro mandamento maior do que esses.

Quando eu tive o despertar espiritual no Exército e entrei nessa área, pensei: Deus, eu nem sei nada de você, mas vou seguir o que a Bíblia fala, aquilo que Você fala eu vou servir ao meu irmão!

E posso dizer, mais ou menos, que eu nunca vi alguma coisa que pudesse fazer para o meu irmão que não fiz!

Por isso eu comecei tantos movimentos...

Havia aqui em Campinas muitos jovens na rua e trinta anos atrás não tinha ninguém trabalhando em favor deles. Eu pegava uma bicicleta e em todos os meus momentos livres estava pedalando com eles; devagar as pessoas começaram a me ajudar.

Agora, só que conheço pessoalmente, há treze entidades trabalhando com eles... E nós também continuamos trabalhando.

Você viu nosso trailer aí fora? Ele vai aos bairros e trabalha com crianças, temos jovens que são do circo e fazem coisas que atraem os jovens da periferia para que, depois, os psicólogos possam trabalhá-los.

Estou lhe contando como eu vejo as coisas, esta não é, necessariamente, a melhor maneira, mas é a minha maneira; eu não sei outra coisa...

> Aqui nosso empreendedor evidencia o princípio fundamental do êxito em qualquer área da vida: a disposição para servir! Essa disposição sincera e atuante abre portas, constrói pontes e enfrenta todas as dificuldades para atingir seu objetivo magno: servir ao próximo, amando-o, indo na direção dele...

O senhor enfrentou algum momento de desânimo ou depressão?

Nunca! Não como trabalhador, só quando entrei na faculdade para ser padre, foi terrível! Porque eu ia me tornar tenente no Exército, estava acostumado com outro cotidiano. Oh, meu Deus! E entrei nessa área e tinha muito trabalho teórico, eu só "queria morrer" (risos), mas perseverei! Afinal, fui ordenado padre jesuíta em 1950 e desde essa época estou sempre feliz. Mas o período da faculdade foi terrível para mim.

Porque eu não sou uma pessoa de ficar parada, fiz mestrado em duas matérias e outra matéria de línguas; você tem que ter toda essa bagagem teórica para ser um padre jesuíta, é normal!

Eu escolhi ser jesuíta porque li a vida dos grandes santos jesuítas como Inácio de Loyola, Francisco Xavier, Anchieta, Nóbrega e me admirei com sua conduta.

Hoje em dia gosto muito de estudar e aprofundar a parte teórica, mas posso fazer isso e trabalhar junto, não ficar preso apenas aos estudos...

> Para aqueles de nós que, em algum momento, desanimam diante dos pré-requisitos que precisamos cumprir para nos habilitarmos a realizar nossos sonhos e conquistar nossos objetivos, fica aqui o exemplo sincero de Haroldo Rahm: sua dificuldade, possuindo personalidade dinâmica e atuante, em viver o cotidiano extremamente teórico da sua formação. Perseverar é fundamental.

Como o senhor lidera as pessoas?

Eu tento ver a pessoa por trás da pessoa...

Como falei com os jovens hoje, vocês são maravilhosos e vocês fizeram um milagre chamado "entrar aqui"! Vocês querem parar com as drogas, então escutem: o fato de você ter se tornado bêbado ou drogado não quer dizer que você não é uma pessoa maravilhosa; você tem esse problema que destrói você e outras quatro pessoas (esta é uma estatística recente, deste ano, sobre o impacto das drogas); alguns de vocês vão ficar sóbrios, não todos... Mas lembre-se: para cada um de vocês que está aqui, tem 99 pessoas do lado de fora querendo entrar. Você representa essas pessoas e está aqui para estudar, crescer, trabalhar e banquetear (porque comemos bem aqui — risos). Quero que vocês sejam apóstolos comigo, porque vocês são fantásticos.

Sempre tento impressioná-los com o quanto eles são maravilhosos, porque depressão, baixa autoestima, violência, enfim, tudo o que viveram só os destrói.

Eu digo a eles: antes você agia como um ladrão porque usava dinheiro da sua família para comprar cocaína; isso é roubar, isso não é amor, agora vamos nos dedicar ao amor!

Eu sempre falo com eles o que eu tento praticar...

Essa resposta, sintética, direta, sem rodeios, exemplifica princípios fundamentais da liderança:

a   Olhar para a pessoa em sua dimensão humana, mais digna e profunda e não apenas para a situação momentânea em que se encontra; demonstrar aceitação e proximidade mesmo diante do erro.

b   Valorizar as pessoas, utilizando uma comunicação positiva que ative nelas o melhor de seu potencial.

c   Combater o erro, não as pessoas.

d   Ajudar as pessoas a enxergar e valorizar a oportunidade que têm diante de si, bem como deixar claros os desafios que iremos enfrentar.

e   Apontar sempre em direção à meta, àquilo que vamos nos dedicar.

f   Usar de bom humor, evitando a comunicação punitiva, mesmo quando se mostram exemplos mais fortes.

g   Ser coerente entre o que se propõe e o que se vive — o poder do exemplo.

Em algum momento de sua vida o senhor sentiu ansiedade?
Não!!!

Se Deus manda no mundo, eu deixo ele mandar! (risos)
É o mundo Dele!

Quais foram as pessoas que mais inspiraram o seu trabalho no início? E tem alguém que o inspira hoje?

Eu estava em uma manobra no caminhão do Exército, eu era sargento e ia ser promovido a tenente. Estava aguardando quando olhei para um crucifixo e pensei: esse homem crucificado deu sua vida pelo mundo, eu nunca fiz nada para ninguém...

E o caminhão parou em frente a uma livraria, eu tinha dez minutos. Eu corri para dentro e pedi: venda-me um livro sobre Deus, eu li, depois comprei uma Bíblia e, ainda depois, encontrei um pequeno livro sobre os jesuítas, pequenas histórias deles, aí decidi: eu vou seguir com eles.

Escrevi aos superiores da igreja em New Orleans e eles me responderam dizendo que eu fosse à igreja de Guadalupe, no México, para assinar minha adesão.

Quando terminei de assinar, eu entrei na Igreja e vi essa imagem lá. E ela pôs "uma faca" no meu coração, eu "flutuava" e eu falei com ela, como jovem: Eu vou cuidar de você e você cuida de mim!

Essa é a única inspiração que eu conheço na vida, a cruz do Cristo e a Virgem de Guadalupe!

Ela está em todo lugar a que eu vou, na bolsa etc.

O senhor é workaholic? Quantas horas o senhor trabalha?

Agora menos, antigamente dezesseis horas ou mais. Agora eu tento ir para a cama às nove e meia e me levanto às quatro e meia. Mas, durante a tarde, aproveito para descansar por uma hora.

Empreendedor social tem férias?

Eu não! Mas, como eu falo, estou em "férias" sempre, estou sempre feliz com o que estou realizando... Acho que visitei todos os continentes dando palestras etc.

Pensando na obra, há algum tipo de conhecimento ou competência que o senhor gostaria de ter aprofundado mais?

Primeiramente, nenhuma pessoa sabe curar um drogado!

Se alguém quer ser bilionário, escreva um livro que funcione sobre a cura da dependência de drogas.

Eu leio muitos livros científicos, todos falam o que é o drogado, o que acontece com ele, mas raramente dão sugestões de solução.

O que cura o drogado, principalmente, é o tempo!

E, por isso, é bom que o drogado fique aqui seis meses, porque ele começa a limpar a parte animal dele, a parte da cabeça límbica, porque custou a Deus 4 bilhões de anos para fazer o nosso encéfalo e o drogado o destrói com cocaína. A droga fica meia hora e depois ele quer mais para sentir "bem-estar" novamente; o efeito do crack dura mais ou menos cinco minutos e logo ele quer mais e todo o corpo dele quer isso...

Para termos uma ideia, um jovem meu caiu outra vez agora, está em recuperação. Ele me disse que o crack para ele é trinta vezes mais prazeroso do que sexo.

Ele ficava cinco dias sentado numa cadeira usando crack até cair. Ficou conosco, "teoricamente" foi curado, eu o assalariei, mas agora, recentemente, ele caiu outra vez e está em tratamento de novo, é uma excelente pessoa, um líder lá entre eles.

Nós recuperamos, geralmente, três em dez — ou seja, perdemos sete. Já para os que ficam seis meses, o índice de recuperação sobe para sete em dez (perdemos três). E este já é um bom índice. Um psiquiatra, sozinho, se for muito bom, recupera um em dez, e custa muito caro.

Eu estou sempre me aprimorando em todas as competências que podem auxiliar a recuperar essas pessoas, mas nunca sabemos o bastante.

> Aqui verificamos a postura lúcida, humilde e coerente de alguém que, mesmo com várias décadas de experiência, reconhece a necessidade de aprofundar-se mais e mais em todas as áreas que compõem o seu trabalho.

Se fosse começar tudo de novo, o que o senhor faria e o que não faria?
Eu tentaria prestar mais atenção nos meus colegas, nas pessoas. E diminuiria o tempo empregado em reuniões. Nós temos reuniões demais, eu falo com a minha equipe, se vocês derem esse tempo aos jovens, será muito melhor!

Há, em Belo Horizonte, uma senhora que desenvolve uma grande obra para crianças que nunca realiza reuniões, é fantástico... Menos reuniões, menos!

Todas as organizações incorrem neste equívoco, que é alimentado pelas próprias pessoas que a compõem: acreditam que tudo deve ser resolvido em reuniões. Esquecem-se de que podemos resolver as coisas enquanto caminhamos pelo corredor, tomamos um café ou uma água juntos e/ou realizamos outras tarefas cotidianas. Até por mensagem de texto e e-mail podemos resolver muitas coisas sem que as pessoas precisem estar no mesmo ambiente, na mesma hora. Claro que não devemos estar distantes das pessoas: reuniões-relâmpago, informais, rápidas e assertivas potencializam o tempo e otimizam os resultados. Deixemos as reuniões mais organizadas e formais para as situações em que elas realmente agregam valor. Para darmos atenção às pessoas, não precisamos marcar uma reunião, mas nos concentrar nelas quando estivermos juntos, sejam quais forem as circunstâncias. Por mais paradoxal que possa parecer, muitas vezes o excesso de reuniões mais afasta que aproxima as pessoas.

No empreendedorismo social o senhor necessita fazer muitos contatos com o setor público e o setor privado. Quais os cuidados mais importantes recomendados a um iniciante?

Lembre-se de olhar para as pessoas como pessoas, seres humanos, não alguém blindado atrás de uma parede de tijolos do seu cargo ou poder.

Fale sobre o benefício que a ajuda que você está pleiteando traz à sociedade, ao governo e/ou à empresa que você está visitando.

Não diga o que é importante para você, diga o que é importante para eles, senão, não poderá sensibilizá-los.

Importantíssimo alerta sobre a manutenção do foco na pessoa do seu interlocutor e empresa que ele representa. É muito comum, por conta do entusiasmo e da necessidade, que percamos o foco querendo falar apenas sobre o que realizamos e esquecermos de evidenciar os benefícios (retorno) de colaborar com a causa.

Também é frequente que muitas pessoas fiquem intimidadas diante de interlocutores que possuem cargos e posições de destaque social, político ou econômico; padre Haroldo nos recorda a importância de não ficarmos impressionados com a "blindagem" e tratarmos as pessoas como os indivíduos que são e não como "cargos".

Se não desenvolvermos a capacidade de sensibilizar as pessoas, as empresas ou os cargos que elas representam não estarão à disposição para colaborar com nossa obra.

Muitas vezes em projetos de natureza social, tanto instituições públicas quanto privadas tendem a interferir quando oferecem ajuda. Como o senhor lida com essas ingerências?

Nunca aconteceu! Não tive esse problema com ninguém, que eu me lembre...

Eu trabalho com os pobres, drogados, com meninos de rua e, também, por ser um sacerdote e, ainda por cima, estrangeiro, acho que as pessoas acabam respeitando mais. A seriedade da obra e o histórico de nosso comportamento nos protegem de certos inconvenientes.

Aqui percebemos que a força moral do líder e o reconhecimento da obra, levada adiante através de princípios sempre éticos, inibe, e muito, ingerências menos nobres por parte de terceiros. Não devemos imaginar que elas não possam jamais acontecer, mas nosso patrimônio moral nos protege de muitos inconvenientes, como bem diz nosso entrevistado.

Quando a última página da existência for virada, qual o senhor gostaria que fosse o seu legado?

Realmente eu nunca pensei nisso!

A amizade...

E, na verdade, tenho muitos amigos, muitos!

Eu não considero que eu tenha um legado para deixar...

Espero que eles vejam a vida melhor, quer dizer, a parte melhor da vida.

Hoje, por exemplo, falamos sobre liberação da maconha, que sou completamente contra, mas eu falei a eles: as outras pessoas têm suas razões também, há pessoas bem-intencionadas que acreditam que a liberação seja boa. Temos que tentar ver como as outras pessoas pensam, eu busco fazer isso sempre, não vou impondo o que eu penso ou estudo.

> Novamente fica evidenciada aqui a humildade sincera de Haroldo Rahm; seu exemplo constante é, por si, um legado de proporções incalculáveis. Sua obra está permeada por seu exemplo. A não imposição e o respeito incondicional são marcas de sua presença.

Quais seriam os conselhos que o senhor daria para alguém querendo começar um empreendimento social hoje?

Ter muito amor para com as pessoas, isso é muito importante para mim!

Eu sempre falo isso com os jovens...

Eu não aceito que alguém venha aqui trabalhar com meus jovens com a postura de "eu sou bom, vocês são drogados". É necessário amar as pessoas, respeitar as pessoas, como pessoas, independente de estarem em pé ou caídas. Pela fé, somos todos filhos de Deus, e viver pela fé é apreciar seu irmão!

Lembremos, na Bíblia, quantas pessoas erraram, ofenderam a Deus: Moisés duvidava, Abraão deu sua esposa ao rei, Pedro e Paulo brigaram entre si etc.

Se eles não puderam ser perfeitos, como nós podemos?

As pessoas erram, é da natureza humana, precisamos entender e respeitá-las para que consertem seus erros...

Eu fundei, nesses trinta anos, mais ou menos 250 lugares como este; quando alguém me procura e diz: "Eu quero começar um trabalho assim...", eu digo: "Encontre uma casa para os que precisam de ajuda, viva com eles, alimente-os, vá com seus amigos levar comida a eles até você encontrar os recursos para pagar colaboradores que possam ajudá-lo".

Não será fácil, mas com perseverança o trabalho prosseguirá e atrairá outras pessoas para darem continuidade, inclusive em outros lugares distantes.

Eu comecei aqui, depois convidei outros países para compartilhar a experiência de êxito que conseguimos. Hoje praticamente todos os países da América Latina que eu convidei possuem lugares como esses, cheguei a fundar vários deles: Buenos Aires, Cartagena, Bogotá...

> Comece da maneira que você pode. Sonhe grande, mas comece devagar, com aquilo que está ao seu alcance. O trabalho sério e constante abre, por si mesmo, o caminho para o desenvolvimento e o crescimento. Amor e respeito pelas pessoas é a chave. Não caiamos na utopia da perfeição, mas busquemos fazer o melhor possível em toda e qualquer ocasião. Aplique a perseverança e, gradualmente, os resultados aparecerão!

O que mudou no seu entendimento sobre Deus através deste trabalho de empreendedorismo social?

Eu sigo Deus de duas maneiras: segundo a Bíblia, um livro que, sem a presença de Deus, ninguém conseguiria escrever, e segundo o que a doutrina da Igreja Católica que eu estudei ensina.

Tenho fé em Deus; eu sempre falo com Deus: "Senhor, eu não conheço Você! Eu vejo Seu coração, eu vejo os Seus amigos e eu vou servir aos Seus amigos, porque o Senhor diz na Bíblia que aquele que servir os Seus amigos está servindo ao Senhor...".

O grande líder são Tomás de Aquino disse duas coisas muito importantes:

"Tudo que escrevi é palha" e "Eu não falo o que Deus é, eu falo o que Ele não é..."

Isso quer dizer que cada coisa é análoga. Deus não é Pai, nós usamos a palavra Pai, mas Ele não é "Pai"; essa é uma palavra análoga, o espírito santo corresponde a três subsistências circulando uma na outra, concentradas uma na outra.

Para falar sobre Deus aos jovens, não falo como na paróquia, eu tento explanar o que, analogamente, sei, de forma que eles entendam.

Muitos filósofos falam no eterno, é a mesma coisa que eu falo: Deus é eterno!

Não sei nada de Deus... Só que eu tenho fé!

Stephen Hawking não tem fé e diz que o universo é eterno... E daí? (risos)

Deus é a Lei de Amor, os jovens chegam aqui condenados pelo mundo, mas a Lei de Amor (Deus) lhes oferece a oportunidade de se libertar; depois de seis meses, peço a eles que se comparem com a pessoa que chegou aqui e digo a cada um deles: Você é fabuloso!

Eu posso ficar aqui sentado administrando, mas não gosto, quero trabalhar, estar com a minha equipe, demonstrar amor, atenção, escutá-los e dizer a eles: parabéns pelo que vocês fazem!

Assim eu entendo Deus em ação através dos homens.

Essa linda demonstração de fé e humildade diante do entendimento possível de Deus através do serviço aos amigos de Deus (o próximo, especialmente o que sofre) evidencia a lucidez de um teólogo que não pretende enclausurar Deus em definições humanas. Deus não é paternalista, embora, analogamente, seja pai e muitas vezes mãe também...

Mas essas definições são analogias humanas, não estamos aptos a entender a plenitude de Deus. Os judeus, por exemplo, grafam a palavra Deus com um apóstrofo, D'us, para evidenciar que nada do que nos valhamos na linguagem humana pode defini-lo; Ele é incognoscível* à restrita inteligência humana.

Essa reflexão é importante se desejamos estar abertos à colaboração de pessoas que entendem o incognoscível de maneira diferente de nós, através de outras analogias, crenças e doutrinas. Um trabalho de empreendedorismo social, ainda que seja construído em um contexto alicerçado por uma doutrina específica, não deve jamais excluir a participação das demais. Atentemos sobre a reflexão de Tomás de Aquino, grande filósofo cristão, e também sobre analogia entre o pensamento religioso e o ateísta quanto à eternidade. Quanto mais ampla for a nossa consciência, menores serão quaisquer possibilidades de preconceitos e maiores serão nossas contribuições à vida de nossos semelhantes. Aliás, cabe ressaltar que a palavra "semelhança" no contexto bíblico em "Criemos o homem a nossa imagem e semelhança" é também uma analogia, e lembremos que ser semelhante não significa ser igual. Para o bem de todos, jamais nos consideremos "Deus", nem alimentemos a presunção de que O conhecemos tão bem a ponto de julgarmos as diferentes escolas humanas que buscam compreendê-Lo e servi-Lo.

Que a nossa fé se traduza em amor praticado e não em opiniões ou julgamentos, que nossa religiosidade nunca se torne um elemento dificultador para servirmos aos amigos de Deus.

---

* Impossível de compreender em Sua plenitude.

Querido padre Haroldo Rahm, muito obrigado por nos brindar com seu tempo, sua alegria e seu amor incondicionais. Seu exemplo nos inspira a sermos úteis ao mundo à nossa volta. Que todos nós nos dediquemos ao maior de todos os lucros: a criação de um mundo melhor através da possibilidade de ajudarmos as pessoas a serem melhores para o mundo.

Carlos, JOIA, sou eu quem agradece. Nem sei se respondi tudo o que precisava, mas tentei.

Fico aguardando para conhecer o livro pronto. Que Deus abençoe ainda mais o seu trabalho.

AMOR, ALEGRIA!

BIBLIOGRAFIA SUGERIDA

BORNSTEIN, David. *Como mudar o mundo — Empreendedorismo social e o poder das novas ideias*. São Paulo: Record, 2011.

CERCHIARO, Romina Miranda. *Uma só palavra: O legado do Padre Haroldo Rahm para o tratamento da dependência química*. São Paulo: Libélula Publicações, 2011.

COLLINS, Jim. *Empresas feitas para furar*. São Paulo: HSM, 2012.

_____; HANSEN, Morten T. *Vencedoras por opção*. São Paulo: HSM, 2013.

CORREA, Cristiane. *Sonho grande*. Rio de Janeiro: Sextante, 2013.

DARNILL, Sylvain; ROUX, Mathieu Le. *80 homens para mudar o mundo*. São Paulo: Clio, 2011.

DRUCKER, Peter. *Innovation and Entrepreneurship*. Nova York: Harper Business, 2006.

FERREIRA, Manuel Portugal; REIS, Nuno; SERRA, Fernando Ribeiro. *Marketing para empreendedores e pequenas empresas*. São Paulo: Atlas, 2010.

HILSDORF, Carlos. *51 atitudes essenciais para vencer na vida e na carreira*. 15ª edição. São Paulo: Clio 2010.

_____. *Atitudes vencedoras*. 16ª edição. São Paulo: Senac, 2008.

_____. *Revolucione seus negócios*. São Paulo: Clio, 2013.

HILSDORF, Lupércio. *Negociações bem-sucedidas*. 1ª edição. São Paulo: Academia da Inteligência.

JACKSON, Adam J. *O lado bom*. Rio de Janeiro: Objetiva, 2011.

KAHNEMAN, Daniel. *Rápido e devagar — Duas formas de pensar*. Rio de Janeiro: Objetiva, 2013.

MICHELLI, Joseph A. *A experiência Starbucks*. Rio de Janeiro: Elsevier, 2007.

PENHA, Cícero Domingos. *Gente servindo gente*. São Paulo: Editora de Cultura, 2013.

PINCHOT, Gifford. *Intraempreendedorismo na prática*. Rio de Janeiro: Elsevier, 2004.

SILVA, Ozires. *Cartas a um jovem empreendedor*. São Paulo: Alegroa, 2006.

SIQUEIRA, Simony Leite. *A força dos pequenos negócios*. Cariacica, ES: Gráfica Editora GSA, 2012.

SOCIAIS, Ashoka Empreendedores. *Empreendimentos sociais sustentáveis*. São Paulo: Peirópolis, 2001.

VARELLA, João Marcos. *O desafio de empreender*. Rio de Janeiro: Elsevier, 2009.

WEVER, Francisco Britto Luiz. *Empreendedores brasileiros*. 7. reimp. Rio de Janeiro: Elsevier, 2003.

AGRADECIMENTOS

Maryanne Linz
Julia Bussius
Bruno Porto
Clara Dias
Fabio Uehara
Lilia Zambon
Mariana Figueiredo
Max Santos
Quezia Cleto
Alceu Chiesorin Nunes
Roberto Feith
Lupércio Hilsdorf
Jivago Bernardi
Gustavo Hilsdorf
Tharley de Barros Teixeira
Leide Katayama

TIPOGRAFIA Arnhem Blond
DIAGRAMAÇÃO acomte
PAPEL Pólen Soft
IMPRESSÃO Geográfica, maio de 2015

A marca FSC® é a garantia de que a madeira utilizada na fabricação do papel deste livro provém de florestas que foram gerenciadas de maneira ambientalmente correta, socialmente justa e economicamente viável, além de outras fontes de origem controlada.